和歌山カレー事件
パートⅡ

「再審申立書（保険金詐欺関係）」

冤罪の
卑劣なカラクリを
根底から暴露

弁護士 **生田 暉雄**
（再審申立代理人）

はじめに

　著者（弁護士生田）は、令和3年5月31日午前9時15分ごろ、「和歌山カレー事件」
の被告人林眞須美（以下「林」氏）が無罪であることの再審申立（パートⅠと称す）を申
立人代理人として、和歌山地裁所刑事部にしました。そして、本書は、同判決の保険金部
分4件の無罪についての再審申立（パートⅡと称す）です。本書は、申立書とほぼ同一内
容のものです。

　平成20年頃から、林氏から何度か生田の本を読んだ、再審の申立てをしてくれとの執
拗な手紙をいただいていた。やっと、まとまった時間の取れた令和2年9月23日、林氏
の依頼で大阪拘置所で本人に面会し、再審申立の受任した。その後、記録を取寄せ、検討
は12月20日からはじめた。受任直後から当時の新聞（朝日、毎日、読売、産経、中日、
和歌山新報）の検討を併行した。

　「和歌山カレー事件」の発生は、平成10年7月25日午後6時ごろ、夏祭りで出され
たカレーを食べた67名が身体に異常を起こしたことに発する。
　26日午前3時03分、自治会長死亡、その後10時16分までの間に副会長、小学5
年生、女子高校生の合計4人が死亡する。自治会長は当日の26日、その他の3人は27
日に解剖された。

　解剖結果、警察発表ということで、7月27日から8月3日ごろまで、全マスコミは「青
酸化合物カレー殺人事件」ということで沸き返る。8月3日ごろからは、青酸化合物に加
えヒ素も投入されていたとう報道が続きます。

　マスコミ報道、裁判記録（検察官の冒頭陳述、論告、弁護士の最終弁論、判決）で驚く
べき意外な事実が明らかとなりました。
　7月27の解剖結果によるマスコミの報道から解剖結果は死亡した4人の死因は、青酸
化合物であるとされているはずです。ところが、青酸化合物殺人の捜査線の捜査がマスコ
ミ報道では一切無いということです。
　捜査の常道は被害者の身辺を徹底的に洗うということから始まるということです。とこ
ろが会長、副会長の身辺を洗う捜査が全く無く、その上7月25日に園部地域外の来訪者
の捜査の報道も一切有りません。

　一番驚いたことは、死刑判決にもかかわらず、死亡した4人の直接の死因の証拠として、
死亡即日及び翌日に解剖されたことが存在しているはずの解剖結果、死亡診断書、死体検
案書が裁判に、死亡した4人の死因を立証する証拠として全く提出されていないというこ
とです。

解剖結果は死因を立証するためにはこれ以上の証拠はないという最優良証拠です。専門の医者でも、真の死因は、解剖しないと解らないといわれています（「死体からのメッセージ」押田茂實外著、万代宝書房刊２２頁）。

　そしてさらに驚くべきことは、本件の判決は死刑を宣告する判決ですが、死亡した４人の死因の証拠はもちろん解剖結果、死亡診断書、死体検案書は使われていませんので、死因を直接立証する証拠は判決書の中に全く無いということです。
　もちろん、検察官は、解剖結果、死亡診断書、死体検案書の代替証拠として、（一）新たな死体検案書（二）医師４人の新たな検面調書を提出し、裁判所もこれを証拠としていますが、これ以上不正の証拠は作れないといっても良い犯罪類似文書です。
　原判決は、この検察官の犯罪文書の検討さえしていません。
　いずれにしても、死刑判決にもかかわらず、死亡した４人の死因を立証する証拠が全く無い、異常な判決書です。

　以上から解るように、捜査機関、検察弁護人、裁判所も、死因には全く触れたくないという態度です。
　「和歌山カレー事件」の争点は（一）犯行態様、（二）動機、（三）死因です。
　検察、弁護人、裁判所、学者も、（一）と（二）集中し、要するに膨大な情況証拠による犯行に集中しています。これは、死因に触れるのを避けるためです。

　著者は、捜査機関、裁判関係者らが避けたがっている死因に何か意味がある気がしました。そこで、この膨大な書証群の中から死因に関係するところを中心に検討しました。

　この検討でも、最も驚くべき最高の証拠を発見したのです。
　それは犯人が林氏ではなく第三者であるとする明白な証拠です。
　証拠の標目という題名だけで、何頁にも渡って人名だけが羅列されたもの一つ一つについて原本に照らして検討していると大変な証拠を発見したのです。

　以上見てきたことから、「和歌山カレー事件」について、次の事が明らかになりました。
（一）犯人は、被告人ではなく、第三者の犯行である証拠が、原判決の証拠の標目のそれも３箇所に判示されていること。被告人は明々白々に無罪であること。
（二）死亡した４人の死因について証拠が全く無い判決で、４人の殺害については、被告人は無罪であること。
（三）検察官は死亡した４人の解剖結果、死亡診断書、死体検案書を裁判において、証拠として提出しない代わりに、それらの代替証拠を提出した。しかし、代替証拠は、犯罪類似のこれ以上卑劣なやり方は出来ないと考えられるような出鱈目な文書であること。

　（四）以上の（一）～（三）を容認しながら無罪の判決をしない。つまり、まともな裁判がなされていないことが明らかである。この実態を明らかにしておく必要がどうしてもあるということです。

　（五）何よりも、「和歌山カレー事件」の捜査の異常さです。死亡した４人の解剖結果を究明する捜査が全くされていないということです。事件発生から一週間程して、徐々にヒ素を重視する報道に代わり、林被告人が犯人となっていきます。この経過を詳細に見ていくと、捜査機関は真犯人の目星を付けていながら、それを逃すために、犯人を林被告にしたのではないかという重大な疑いを払拭することが出来ません。

そこで早速、以上のことをまとめて、再審申立書パートＩを作成し，裁判所に提出をした。

　そのとき、保険金詐欺に関する４つの案件にも当然論及しようと思っていました。４つの案件とは「くず湯事件」「牛丼事件」「うどん事件」「睡眠薬事件」です。それが，今回の再審申立書件パートⅡです。

　この４件についても原判決は異常な論理を使っています。結論から先に言うと、これでも判決といえるのか、という極めて情けない判決です。

　まず「くず湯事件」について、捜査、原判決は，泉克典の供述だけで総てを認定します。しかし，肝腎の被告人の供述が一切ありません。被告人は捜査段階の初めから、２人の警察官（捜査官）に騙されて、一審終了まで完全黙秘（完黙）します。捜査官は被告人を完黙させて、泉克典に対して何をしゃべっても被告人からの追及は無いと安心させ捜査官において誘導尋問をします。原判決では、この被告人の完黙に何らの考慮もしていません。さらに泉克典には捜査官に極度に迎合し、捜査官の誘導に乗りやすく、虚偽供述をする７つの人格特性がありますが、原裁判ではこの泉克典の７つの人格特性については何ら触れることがありません。このような信ぴょう性の無い泉克典の供述だけで、「くず湯事件」は認定されているので、「くず湯事件」について被告人は無罪です。　次に「牛丼事件」「うどん事件」について、原判決は泉克典証言からだけでは，牛丼やうどんに被告人がヒ素を投与した事実を認定できません。

　そこで原判決は，第１３章８３８頁から８４７頁で、「麻婆豆腐事件」を，第１３章８４７頁から８５４頁で「中華丼事件」についてデッチ上げてこれを判示します。

　この「麻婆豆腐事件」「中華丼事件」は起訴もされておらず客観的に存在したか否かも不明で泉克典の証人調書でも証言されていない事件で，原判決がデッチ上げた事件です。

　裁判所は，「麻婆豆腐事件」「中華丼事件」に十分な犯罪性があるとするのであれば，検察に起訴勧告をすべきです。しかし起訴勧告もしていません。

この「麻婆豆腐事件」「中華丼事件」においても、被告人がヒ素をその中に投与したことまで認定している事件ではありません。泉克典がそれを食べた後、体に変調を来したというだけです。その意味では、「牛丼事件」「うどん事件」と同様です。

　しかし、類似の事件が多数あるということを原判決は読者に知ってもらいたくて、「麻婆豆腐事件」「中華丼事件」をデッチ上げるのです。類似の事件が多数あること、つまり多数あることが重要なのです。読者は、そんなに多数の類似の事件があるのか、それなら、被告人が犯行しているのに違いないと錯覚します。つまり、人間の錯覚を利用した事実認定なのです。

　このような錯覚だけで、つまり、原判決は多数の類似事件を挙げることによって、被告人の犯人性を認定するのです。

　原判決は正に以上の事実を狙って、次のように判示しています。原判決８６７頁です。

　表題にも『単独では認定できないが疑わしい類似事件が集積することの意味』と題して以下の判示をします。

『(2) 単独では認定できないが疑わしい類似事件が集積することの意味
ア　多数の類似事実等の認定状況
（ア）砒素使用事案
　第６章ないし第１３章での検討によって、カレー毒物混入事件以外の殺人未遂事件や類似事実のうちで、個別の証拠関係から，被告人が被害者に保険金目的で砒素を使用したと認められるものは，健治に対する平成９年２月６日のくず湯に混入した砒素の使用並びに泉に対する平成９年９月２２日の牛丼に混入した砒素の使用，同年１０月１２日麻婆豆腐に混入した砒素の使用及び平成１０年３月２８日のうどんに混入した砒素の使用の４件である。』

　問題は「くず湯事件」「うどん事件」に被告人がヒ素を投入した被告人の犯人性が認定できないとして、全く類似の「麻婆豆腐事件」さらには「中華丼事件」をデッチ上げることです。このような類似事件のデッチ上げが自由に出来るのであれば、裁判における立証不明、立証不可能という事態は生じない。そもそも裁判すること事態の意義がない。この類似事件と一体となった認定は原判決に残された唯一の認定の方法であり、原判決の随所に散見されます。原判決８６１頁である。原判決８６１頁において、被告人は泉克典に対して、平成９年９月２２日牛丼を、同年１０月１２日麻婆豆腐を同年同月１９日に中華丼をそして平成１０年３月２８日にうどんにいずれもヒ素を混入して食取させたと認定している。要するに同種事件を挙げて「牛丼事件」「うどん事件」の被告人の犯人性の認定に使うのです。

　原判決が明示する「単独では認定できないがそれも疑わしい類似事件が集積することの意味」をそれも一個所ではなく、いたるところで随所にそれをくり返し判示します。その

ことで判決書を読むものにその気にさせるのです。

　このように人間の錯覚を利用した事実認定が正常な事実認定でないことは明らかです。

　「牛丼事件」「うどん事件」について被告人は無罪です。

　最後に「睡眠薬事件」について、この事件における、被告人の犯人性について、原判決は人間の錯覚を、それも真正面から、それを掲げて認定します。

　被告人は平成２年から平成８年２月１３日火傷を負って退社するまで日本生命保険会社の保険外交員でした。

　生命保険外交員として多数の依頼者の保険を多数管理しています。

　泉克典の生命保険関係の管理も１４件に渡って管理しています（原判決添付８表）。

　この１４件中泉克典の死亡保険金受取人になっている人は、全て被告人以外で被告人は死亡保険の受取人になっている泉克典の生命保険は１件もありません。

　原判決は以下の理由で被告人は、泉克典に睡眠薬を飲ませて、保険金を詐欺しようとしたと認定します。

①まず，泉克典の保険金関係の管理をしていること

②被告人が睡眠薬の処方を知っていること

③泉克典にバイクを買い与えていること

④泉克典がバイクで交通事故を起こし死亡することを期待していること

⑤バイクで出かけた泉克典の後をつけていること

以上の事実を認定し，被告人が泉克典に少なくとも睡眠薬を３回投与し，または，首謀者となって投与していると認定する。

　被告人は平成２年から，下肢ヤケドを負った平成８年２月１３日まで，日本生命の外交員として働いている。そこで生命保険の管理をしても何ら異常ではありません。

　生命保険等の管理をしても，死亡保険金は保険金受取人が受取ります。管理をしている人が受領できるわけではありません。原判決はこの点の大きな誤解があります。原判決はあまりにも非常識といわなければなりません。

　そして原判決が，管理しているとする保険についての原判決書添付の別表８の１４件についても、被告人自身が保険金受取人になっている事案は１件もありません。泉克典が死亡しても保険金は被告人には入らないのです。

　保険金関係を管理していることを被告人が泉克典に睡眠薬を投与する大きな原因の１つに挙げていますが、全く的ハズレと言わざるを得ません。

　原判決は，生命保険関係を管理しておれば，死亡保険金を受領できると錯覚しています。原判決の認定は非常識であると言わざるを得ません。

　原判決は、事実認定に行き詰まると、人間の錯覚を使って、判決読者を錯覚に陥れる方法を取るのです。

原判決は被告人の犯人性を認定できないので、ここまで大々的に錯覚を利用して、生命保険の管理をしていると死亡保険金を受領できると錯覚し、死亡保険金を騙し取る目的で、泉克典に睡眠薬を飲ませて、バイクの交通死をねらい、保険金詐欺をしたと認定するのです。

　判決読者は冷静になると、そんなバカな！と一蹴して終わりとなります。

　原判決の認定は成り立ちません。

　睡眠薬事件についても、被告人は無罪です。

　以上のような情けない内容の判決が、それも死刑の「和歌山カレー事件」を有罪と成り立たしめる、保険金詐欺の部面の４つの判決なのです。

　ここまで堕落した判決は、一朝一夕に出来るものではありません。日本社会の構造的腐敗が言われて久しくなっていますが、日本社会の構造的腐敗は裁判から端を発していることを如実に示すのがこの「和歌山カレー事件」の判決なのです。

２０２１年１１月１１日

生田　暉雄

もくじ

和歌山地方裁判所 平成１０年（わ）第５００号，第５３２号，第５８０号 被告人 林眞須美に対する殺人・殺人未遂・詐欺被告事件。

令和３年 月 日

和歌山地方裁判所刑事部　御中

再審申立（パートⅡ）

住　所　大阪府都島区友淵町１−２−５
　　　　大阪拘置所内
申立人　被告人　林 眞須美

事務所 〒７６１−０１０４
　　　　香川県高松市高松町９４４−４
　　　　日本タイムズ内
住　所（送達場所）
　　　　〒████−００████
　　　　埼玉県████████████
　　　　████████████
　　　　　　　　TEL・FAX　０███████████
　　　　　　　　携　帯　０███████████
申立代理人 弁護士

生田　暉雄

再審申立書パートⅡ目次

目次

再審申立　パートⅡ

―保険金詐欺目的事案の再審申立ー

第1章　再審申立　パートⅡ

第1　保険金詐欺目的事案の再審申立

　1　再審申立
　和歌山地方裁判所刑事部　平成14年12月11日言渡しの平成10年(わ)第500号，第532号，第580号の殺人・殺人未遂・詐欺被告事件について，再審申立をする。

　2　原判決判示の有罪の事実は被告人の争わない事実を除いて，いずれも無罪である。

　3　原判決の罪となるべき事実の第1については受理されている
原判決中，平成10年（わ）第465号（これを以下「和歌山カレー事件」と称する）の原判決の罪となるべき事実の第1について，令和3年5月31日再審申立をし，受理され，和歌山地裁令和3年（た）第1号となっている（以下，これを「再審申立パートⅠ」と称することもある）。

　　（1）被告人の争わない事実
　被告人が争わないと，原判決が認定（原判決636頁）する事件は，本件再審申立パートⅡの申立外である。
　被告人が争わない事件
①　原判示第2（「やびつ荘事件」と称する）
②　原判示第3（「被告人火傷事件」と称する）
③　原判示第5（「健治高度障害事件」と称する）
以上である。

　　（2）再審申立パートⅡ対象事件
①原判示罪となるべき事実　第4（「くず湯事件」と称する）
②原判示罪となるべき事実　第6の1（「牛丼事件」と称する）
③原判示罪となるべき事実　第6の2（「入院給付金詐欺事件」と称する）
④原判示罪となるべき事実　第6の3（「うどん事件」と称する）

以上①～④の４事件が本件再審申立パートⅡの対象事件である。

以上①～④の４事件について，被告人はいずれも無罪である。

無罪であるべき事実を原判決では有罪とした。

　そこで，無罪を理由に再審申立をする。

　ここで，再審パートⅡにおける，とりわけ際立って異常な被告人を有罪とするため，判決書におけるあり得ない論理の使用を冒頭に提示しておきたい。

　このような裁判とはいえない裁判の名を借りた国家行為により，死刑が宣告され，２０年間，その死刑判決が日本で看過されてきたのである。

　（１）まず原審は，再審申立パートⅡの４つの犯罪

　　　ア健治の「くず湯事件」，イ泉克典の「牛丼事件」，ウ同じく「うどん事件」，エ同じく「入院給付金詐欺事件」（「睡眠薬事件」）のいずれについても，泉克典の供述だけで認定判示する。

　　　しかし，この程度の異常さは序の口である。序の口ではあるが泉克典にとっては，一生の問題となっている。

　　　警察，検察は泉克典に供述を覆されるとすべてが終わる。そこで，泉克典が供述を変更しないよう，世間から隔離して監視を続けるのである。

　　　平成１０年１２月２９日に泉克典の保護が終了した後も，さらに，警察は泉克典を第一審終了まで高野山に僧侶として送り込み，泉克典を世間から隔離し，泉克典を第一審終了時から警察官の衣類のクリーニング屋に就職させて監視を続け，泉克典は２０余年間に亘って，世間から隔離され監視されているのである。一人の人間に対して，このような処置をすることが許されても良いものであろうか。

　　　日本は人権保障も何もない社会なのである。

　（２）以下は，「牛丼事件」「うどん事件」に限定の原審異常論理による有罪認定・判示である。

　　　原判決は，「牛丼事件」，「うどん事件」において，被告人がヒ素を投与して，泉克典に食べさせようとした被告人の犯人性を泉克典の供述等による客観的事実からは，どうしても認定できない。

　　　そこで，原審が採った方法が類似の有罪となる事件２つをデッチ上げることである。

　　　この２つの事件とは，「麻婆豆腐事件」と「中華丼事件」である。

　　　原審は，起訴もされておらず，泉克典の公判証言や捜査段階の供述にも無く，存在自体が疑わしい「麻婆豆腐事件」「中華丼事件」について，被告人がヒ素を投与して泉克典に食べさせてようとした殺人未遂の事件で，「牛丼事件」「うどん事件」と類似しているとする。２つの類似事件をデッチ上げ起訴勧告も裁判所は行っていない。

　　　そして，この「麻婆豆腐事件」，「中華丼事件」，「牛丼事件」・「うどん事件」

と時間的に極めて隣接し，相前後して起こっているとする。この類似の２つの事件の類推によって，本件「牛丼事件」・「うどん事件」も被告人がヒ素を投与して，泉克典に食べさせようとしたことによる被告人の犯人性を認定するのである。

　裁判所が認定に行き詰まると，裁判所は勝手にありもしない架空の事件をデッチ上げ，その架空の事件を類似しているから，立証で行き詰まった事件も，その架空の事件と同じであるという立証方法が許されるなら，この世の裁判において，立証困難，立証不能という事件は起こりようが無い。そもそもこれでは裁判でさえない。「牛丼事件」「うどん事件」においても，被告人は無罪である。

　正に原裁判所はこのような出鱈目な判示をしている。

　それだけではない。非常識極まりない認定がされている。原判決の罪となるべき事実第6の2「入院給付金詐欺事件」において，死亡給付金の受取人でもない被告人が，泉克典の生命保険関係の管理１４件をしているというだけで，原判決では，泉克典の死亡保険金を受領できると錯覚し，泉克典に睡眠薬を飲ませて，バイクで死亡事故を起こさせようとしたという，非常識極まりない認定を堂々としている。

　出来るだけ多くの皆さんに，この出鱈目な原判決書きを直接見て欲しいと思う。このような出鱈目な判決で死刑が言い渡されている。正に「司法殺人」（森 炎著 講談社刊）そのものなのである。

　このような裁判であって裁判ではない事態を再審申立パートⅡは，その対象に救済の申立をしている。

第2　保険金詐欺目的事件と「和歌山カレー事件」との関係

　原判決は両者の関連を以下のとおり判示する。

1　原判決８６６頁

カレー毒物混入事件以外の被告人が犯人であると検察官が主張する事実関係は，いずれも保険金目的で砒素や睡眠薬を被害者に摂取させ，それに基づいて死亡，あるいは疾病にり患させたというものであって，特徴的な犯行態様の類似性から，相互に補完し合う関係にあるといえる。

2　原判決８９２頁

被告人は現に保険金取得目的でカレー毒物混入事件発生前の約１年半の間，４回も人に対して砒素を使用しており，この事実は，通常の社会生活において存在自体極めて稀少である猛毒の砒素を，人を殺害する道具として使っていたという点で，被告人以外の事件関

係者には認められない特徴であって，カレー毒物混入事件における被告人の犯人性を肯定する重要な間接事実といえる。

　3　原判決893頁
　この金銭目的での4回の砒素使用や，その他の2件の睡眠薬使用という事実は，人の命を奪ってはならないという規範意識や人に対して砒素を使うことへの抵抗感がかなり薄らいでいたことの表れととらえることができる。
　このような多くの間接事実を総合すると，被告人は東カレー鍋の中に，亜砒酸を混入したものであるということが極めて高い蓋然性をもって推認することができる。

　4　再審申立パートⅡは，パートⅠにとっても重要である
　以上1～3のように原判決は，再審申立パートⅠとパートⅡの関係を判示する。
　即ちパートⅠでは，保険金詐欺及び詐欺目的のヒ素使用の殺人未遂罪が「和歌山カレー事件」の有罪を補強することを判示する。
　この関係と同様に，再審パートⅡの保険金詐欺，詐欺目的のヒ素使用の殺人未遂罪がパートⅠの「和歌山カレー事件」の再審の成立を補強する関係にある。
　そのような意義を含めて，パートⅡを申立てるのである。

　再審申立パートⅠで喝破したが，パートⅠの捜査，起訴，判決はいずれも異常なものであった。
　　まず捜査の異常。死亡した被害者谷中孝壽，田中孝昭の身辺を全く洗わない異常な捜査。
　　次に，起訴の異常。死亡した4人の被害者の解剖結果，死亡診断書，死体検案書を裁判において死亡立証の証拠として提出しない異常。
　　最後に，判決書の異常。死亡した4人の死因の証拠が無い判決書の　異常。

　　そこで，これで捜査，起訴，判決書といえるのか？と問うた。
　　以上のような捜査，起訴，判決書を喝破したのが再審申立パートⅠであった。
　　原判決は，これらの異常性，欠陥を知りながら，パートⅡで泉克典の供述に唯一依拠して，保険金詐欺，詐欺目的によるとヒ素使用の殺人未遂事件を肯定し，パートⅡでパートⅠの挽回を計った。この立証方法は，有名な冤罪事件である「徳島ラジオ商事件」と非常に似通っている。
　　「徳島ラジオ商事件」の有罪判決では，捜査機関が操ることのできる二人の従業員の供述だけで有罪を認定した。
　　本件では，泉克典ただ一人の供述を捜査，起訴，判決で操ることが出来るよう，それぞれ演出をしたのである。

　林眞須美を最終的に有罪者に仕立て上げられるか，否かはそれら捜査，起訴，判決書の諸種の演出の成功いかんによる。

　結論から先に述べれば，それらの演出はいずれも本再審申立パートⅡで暴露され大失敗に終了した。被告人 林眞須美は無罪である。

　泉克典ただ一人の供述に頼らざるを得なかった捜査，起訴，判決。

　そのため全く姑息で汚い手段を演出する。

　以下，その演出状況を具体的に論述する。

第2章　被害者と称する泉克典ただ一人の供述だけで有罪認定している

　本来，被告人林眞須美が全く関与していない事実で被告人を有罪とするため，被害者と称する泉克典ただ一人の供述だけで，全保険金詐欺，詐欺目的のヒ素使用殺人未遂事件を認定する原判決。

　保険金詐欺，詐欺目的のヒ素使用殺人未遂事件が泉克典ただ一人の供述だけで認定判示されている事実は，原判決を一瞥すれば明らかである。

　原判決９８０頁中，序章～５章，７章，８章～１０章はパートⅡと関係が無い。６章の被告人周辺での急性砒素中毒の発生の第４の泉克典の急性砒素中毒り患の有無，４６５頁から５０６頁までは必要である。１１章中，泉克典に関係する７１０頁から７８６頁までは必要である。

　本件の保険金詐欺，保険金目的のヒ素使用殺人未遂事件，つまり原判示罪となるべき事実，第４の「くず湯事件」，第６の１の「牛丼事件」，第６の２の「入院給付金事件」，第６の３の「うどん事件」に関係するのは，第１２章７９４頁～と，第１３章８２３頁～，第１４章８６５頁～９０７頁までで６章，１１章分を合わせて約２００頁である。

　原判決は第６章，第１１章，第１２章，第１３章，第１４章の約２００頁余り，原判決の５分の１で，本件保険金詐欺，保険金目的ヒ素使用殺人未遂事件を判示するが，そこでは，泉克典ただ一人の供述からその全てを認定，判示している。

第1　泉克典一人の供述で全保険金詐欺，殺人未遂事件を認定している

　本件捜査，起訴，判決書は，いずれも泉克典ただ一人の供述で全保険金詐欺，詐欺目的のヒ素使用殺人未遂事件を認定するために高度のテクニックを使った演出をした。

　以下，各機関のそのテクニックを検討する。

　１　捜査における演出

　泉克典は，捜査官に迎合し易く，誘導尋問に極めて応じ易い。そして虚偽供述をし易い７つの人格特性を有する。捜査官は，泉克典のこの７つの人格特性をフル活用する。

　人格特性の一つは，家庭的特性である。

　泉克典の一家は父が警察官，妹夫婦も夫婦とも警察官という警察一家である。従って，泉は犯行に関与したり，借金の取立てに会ったりすることは，極度に避けたい心境にある。ところが，裏腹に泉克典が犯行に関与し，多額の借金の取立てに追い回されているのである。

　人格特性の顕著なもう一つは，泉克典の要庇護性という社会的特性である。

　泉克典は，借金の取立てを逃れて，原判決４１５頁によれば，平成８年２月から平成１０年３月までの２年１ヵ月の間，林眞須美，健治の家に入りびたりであり，原判決７５０頁によれば，平成１０年８月３１日から同年１２月２９日まで警察の保護を受けて警察宿舎に寝泊まりしていた。

　このように泉克典の捜査官に迎合し易い，捜査官の誘導尋問に応じ易い，そして虚偽供述をし易い人格特性を最大限に活用することであった。

　さらにもう一つ，泉克典の虚偽供述を促進させる演出を捜査機関は取った。それは捜査機関において，被告人林眞須美を捜査段階から完全黙秘（完黙）させることである。黙秘権が被疑者，被告人の権利であることに凝り固まっている法律家は捜査官が被告人に完黙を勧めるということを理解できないようである。

　これは家電量販店の赤字販売にも似たようなもので，完黙による捜査側に補塡の利益があれば捜査側は被疑者に完黙を勧める。

　眞須美の自由な供述を許しておけば，捜査側はそれに翻弄されるだけである。眞須美側にも完黙による利得はほとんど無いに等しい。また，眞須美が完黙していて泉克典を追及することもない状況にあることを捜査側は泉克典に告げて，泉克典から供述を自由に引き出すことができる。

　以上の点が捜査側が眞須美に完黙を勧める最大の理由である。

　そのようなことから，眞須美に捜査側から完黙を勧めるのである。

　眞須美を完黙させて，泉克典に捜査側に有利な供述をさせる。これが，本件捜査における最大のエポック・メーキングな演出である。

　これによって，泉克典ただ一人の供述，つまり捜査側に迎合し，捜査側の誘導に応じた供述により，保険金詐欺，保険金目的のヒ素による殺人未遂事件，さらには「和歌山カレー事件」を有罪認定する証拠を作り出したのである。

　泉克典ただ一人の供述で，保険金詐欺，詐欺目的のヒ素使用による殺人未遂を認定している事実は，原判決書を見れば一読して明らかである。

　２　起訴における演出
　日本の検察は起訴事件の１００パーセント有罪をモットーとする。
　ところが本件において，検察が起訴したヒ素使用による殺人等の案件１１件中有罪は４件。睡眠薬使用の案件１２件中有罪は２件（原判決８７２頁）の合計２３件起訴中有罪は６件の有罪率２６パーセントという全く無茶苦茶な乱起訴である。
　ヒ素使用の有罪４件，睡眠薬使用の有罪２件しか有罪にならない。詳しい判示は原判決８７２頁〜８７３頁にされている。
　これらの乱起訴は検察における意図的な演出である。
　以上のヒ素使用の４件，睡眠薬使用の２件は，いずれも泉克典の供述の認定の結果である。

多くの無罪事件の中で，泉供述の事案だけが有罪になっていることをつまり，泉克典供述が措信できることを浮かび上がらせる目的による検察の演出として有罪率２６パーセントの乱起訴なのである。

　このような乱起訴と泉克典の供述の信ぴょう性の対比によって，泉克典供述だけでパートⅡの保険金詐欺，ヒ素による保険金目的の殺人未遂事件，さらに引いては「和歌山カレー事件」の有罪を演出するのが検察である。検察の目的のためには，ここまで姑息な演出をするのである。

　３　判決による演出について
　（１）泉克典の７つの人格特性
　多くの証拠を取捨選択して事実認定するのが裁判の常道である。

　ところが，泉克典ただ一人の供述だけで，保険金詐欺，保険金目的ヒ素使用の殺人未遂事件を認定するため，判決書は特別の演出を必要とした。

　その際の選択肢として，あらゆる選択肢が許される訳では無い。泉克典が極度に捜査機関に迎合し，あるいは誘導尋問に応じ易く，虚偽供述を仕易い傾向を選択することは，泉克典の供述の信ぴょう性を無くするので許されない。

　この観点から泉克典の７つの人格特性，つまり，（ア）体質的特性（睡眠時無呼吸症候群），（イ）行動的特性（イネムリによる交通事故の多発），（ウ）生活的特性（食事の不規律，朝食抜き，晩食の多食），（エ）金銭的特性（ギャンブル好き，不労働，借金），（オ）家庭的特性（警察官一家，父，妹夫婦），（カ）秘匿特性（ヒ素の自己使用，入院歴多数），（キ）社会的特性（要庇護性）のうち，原判決はこれら全てを一括して認定すると，泉克典は，捜査機関に迎合し易い性格で，捜査機関の誘導尋問に応じ易く，虚偽供述を仕易い傾向にある人物ということが，一見して明白になる。そこで一括して認定せず場当たり的に散発的に認定する。

　泉克典の一人の供述だけで，保険金詐欺，保険金目的のヒ素使用による殺人未遂事件を認定することは決して容易なことではない。

　そこで原判決が採った態度は必要やむを得ない場合に限って，泉克典の捜査機関寄りの人格特性を散発的に認定するという態度を採るのである。

　（２）具体的に７つの人格特性を解説する
　（ア）体質的特性（睡眠時無呼吸症候群）
　　体質的特性（睡眠時無呼吸症候群）については，原判示７１９頁，７６９頁においてハロークリニック西本で認定されたこと。
　　しかし，その原因等についての認定は無い。

　（イ）行動的特性（イネムリ）

行動的特性（イネムリ）については，原判示７６９頁ないし７８８頁で１０回に
わたり意識消失になったことを認定している。第３９回泉克典の公判供述調書３９
～４０頁によると初めて意識を　　　失ったのは平成８年７月２日ころからである。
　　イネムリによる交通事故を多数起こしている。警察は，泉克典を交通事故による
検挙をいつでも出来るぞ，と脅している。

（ウ）生活特性（食生活の不規律性）

　　生活特性について，原判決は８３３頁，８３４頁において，泉克典の朝食抜き，晩
食の多量取得の乱れた生活等を認定している。しかし，生活全般の態度についての認
定は無い。

（エ）金銭的特性（借金について）

　　原判決は７１４頁において，泉が林宅に住込むようになった平成８年２月中旬ごろ
の借金は約１２０万円で，８０万円ないし９０万円が消費者金融からの借金であった
と認定する。

　　しかし肝心のヤクザからの取立の事実については認定していない。

　　従ってなぜ被告人宅に住込むようになったか，その住込みの理由　も認定していな
い。従って取立に晒されることに脅える心境，それから逃れたい供述や捜査に迎合
し，捜査官の誘導尋問に応じ易いこと，虚偽供述をし易い状況等を配慮して，真実の
供述を得るための方法等の検討は全く皆無である。

（オ）家庭的特性（警察一家）

　　泉克典の家庭は父親が警察官，妹は夫婦共に警察官の警察一家である。前記（エ）
のとおり泉克典は借金のため，ヤクザの追い込みを受け，後記（キ）の通り，被告人
林宅に追い込みから逃れるため入り浸りとなり，さらには警察保護を受け，そして保
護の終了後も警察の指導で高野山に僧侶になって，実質上警察の隔離を受けている。
何よりも泉克典は警察一家のため，借金の取立や，泉克典自身の犯罪行為を家庭に知
られる事については極度に警戒する傾向が大であった。

（カ）秘匿特性（ヒ素使用の入院歴多数）

　　泉克典は昭和５８年ごろから林健治と知り合い平成２年ごろからは頻繁に林健治の
マージャン部屋に出入していた（原判決７１１頁）。林健治は平成２年ごろから白ア
リ駆除の仕事を止め，終日マージャンにふけっていた。

　　その時健治は，泉克典から遊んでいて大金を持つ方法を尋ねられ，マージャン室の
棚の上の小物入れに入れてあるヒ素をニセ傷害薬だと騙して，耳かき半分程をナメで
みろと勧めた。

以後泉克典は一人で度々ヒ素をナメ，嘔吐，下痢を起こし，病院に入院した。そして保険金を請求した。

　泉克典は，前記家庭的特性から，このヒ素使用による保険金請求を実家に知られることを非常に恐れている。ヒ素使用による入院歴の多さは病院のカルテを照合すれば簡単に判る事実関係である。ところが，原判決は，林健治と泉克典の双方の供述を検討すれば容易に判明することの事実を判示しない。

（キ）社会的特性（要庇護性）

　社会的特性（要庇護性）については，原判決は４１５頁において，平成８年２月から平成１０年３月まで被告人宅に住込んでいることを認定する。しかしその理由である借金の取立てから逃れるためであることは認定しない。

　また原判決７５０頁〜７５３頁において，泉が平成１０年８月３１日から同年１２月２９日まで警察官宿舎に保護のため寝泊りしている。このことの不当性を原審弁護人から指摘され，原判決は７５３頁において，マスコミからの取材攻勢を避けるため，緊急避難的措置としてやむを得なかったと認定する。しかし警察保護の必要性については，緊急避難的措置としてやむを得なかったと言えるとしても，警察官宿舎に保護することの保護態様の相当性については，保護の相当性を欠く。このことは泉克典の捜査供述の捜査官に対する迎合性，捜査官の誘導的質問に対する順応性を来たし，虚偽供述の可能性が高い供述調書が作成されている可能性が極めて高い。

　捜査機関は，平成１０年８月３１日から同年１２月２９日まで，泉克典を警察官宿舎に保護し，同人を外部との接触を遮断し，匿った。

（３）証言後２０余年を経た現在も泉克典を隔離する捜査機関

　捜査機関は警察官宿舎に泉克典を保護した後も，その保護終了後も泉克典を隔離し続ける。その期間は２０年以上である。泉克典の供述調書，検察官請求番号５３３〜５６１によれば，泉克典の職業は無職である。ところが，同人の公判廷での証人調書（第３９回公判調書　平成１２年８月３１日，第４１回公判調書　平成１２年９月２２日，第４７回公判調書　平成１２年１１月９日，第４８回公判調書　平成１２年１１月２０日，第４９回公判調書　平成１２年１２月６日），によれば，職業は僧侶となっている。

　ウワサによると，泉克典は警察官宿舎で保護を終った後も，第一審の終了まで同人を外部との接触を遮断するため，捜査機関は同人を高野山に僧侶として送り込み，外部の人との断絶を計っているとのことである。

　公判調書の職業が僧侶で，住所が実家の紀三井寺のままであることは，ウワサの真実性を示している。その後も警察官の衣類のクリーニング店に就職させ監視を継続している。

　そもそも泉克典が通常の社会生活を営み，供述調書にあるようなコミュニケーションを行使できるかということが極めて疑わしい人物である。

　下働きをする者として，便利な泉克典を林健治は，平成１０年２月１２〜１３日頃，林宅の住込みを断っている（泉克典　平成１０年９月１日付員面調書５頁）。

　僧侶の階級も通常の社会生活ができ，一念発起して，自らの意志でなったものであれば，第一審当時から第一審終了までの５年間経てもいる。それなりの階級に栄進しているはずである。

　泉克典を証人として調べれば，泉克典の状況は一見して明らかとなる。まともな供述能力自体を疑われる泉克典ただ一人の供述で，保険金詐欺，保険金目的のヒ素使用殺人未遂事件を認定して良いものだろうか。

　何よりも泉克典の供述能力が正常であるなら，同人を捜査機関は隔離・監視することを直ちに止めるべきである。

　２０２１年度のノーベル平和賞において「人々が事実を知る自由がなければそこに民主主義は無い」として，人々が事実を知ることに努力，貢献したジャーナリスト２人にノーベル平和賞が贈呈された。

　人々が事実を知ることが民主主義にとって不可欠であるにもかかわらず，捜査機関は事件後２０余年を経た今日においても，泉克典に対して隔離・監視措置を取っているのである。

　これでも日本は民主主義国といえるのだろうか？

　（４）泉克典の７つの人格特性は何のために認定する必要性があるのか。

　泉克典の７つの人格特性のうち，捜査官に迎合し，捜査官の誘導尋問に応じ易く，虚偽供述をし易い，肝心の（オ）家庭的特性（警察官一家）（カ）秘匿特性（ヒ素の自己使用）については，原判決は認定しない。そして（オ）金銭的特性についても，肝心のヤクザによる取立を逃れていることを認定しない。

　そして最も重要といえる（キ）の社会的特性（要庇護性）については，警察官宿舎に保護されている保護態様が相当か否かについて，全く検討がなされていない。

　それだけではなく，平成１０年８月３１日から同年１２月２９日までの警察保護の終了後も，泉克典は警察によって高野山に僧侶として送り込まれ，その後も警察関係業者へ就職させられて，世間から隔離・監視されているが，その事実の認定も無い。

　第３９回から第５０回の６回にわたる泉克典の公判廷での証人尋問に当って，泉克典の職業がそれまでの無職から僧侶に代っていることを訴訟関係者は唯一人として確認していない。

　なぜ僧侶になったのか，泉克典の自分の意思による一念発起によるものか，それとも警察の指導かの一事を確認すれば，泉克典が未だ警察の支配下にあること，証言の信ぴょう性に問題があることが解るはずである。

　泉克典が公判証言時，同人の職業が僧侶であることは，僧侶になる契機が何であったかによって，同人の証言の信ぴょう性が全く異なる重大事項であることに証拠関係者は重大

な注意を払わなければならないのである。

　逆に言えば，証言後２０余年を経た現在においてさえ，泉克典を外部と隔離・監視されているということは，泉克典の証言が虚偽であり，捜査機関に超有利な証言であったことの無言の真実を物語るものと言えるのである。

　以上のような，泉克典の捜査官に対する超迎合性，捜査官の誘導尋問に容易に応じること，虚偽供述をする傾向の７つの人格特性を裁判所はこれを適切に認定しない。これでは裁判所は泉克典の証人供述等において，証言の信ぴょう性検討を放棄していることに等しい。これが裁判所の演出である。

　それだけではない。後に詳述するが，「牛丼事件」「うどん事件」において，裁判所は被告人の犯人性をどうしても認定できず，「牛丼事件」「うどん事件」に類似する「麻婆豆腐事件」「中華丼事件」をデッチ上げ，このデッチ上げが２件の類推により「牛丼事件」「うどん事件」の被告人の犯人性を認定する。ここまで裁判とはいえない事実認定を演出して，被告人を有罪にして，死刑判決にしたのが「和歌山カレー事件」の本質なのである。
　「牛丼事件」「うどん事件」において被告人は無罪である。

第３章　泉克典証言の信ぴょう性

　以下，泉克典の証言の信ぴょう性を検討する。
　第一に泉克典証言の信ぴょう性の注意点。
　第二に裁判の採った信ぴょう性検討方法。
　第三にあるべき信ぴょう性の検討方法を論ずる。

第１　泉克典証言の信ぴょう性の注意点について。

　前記の泉克典の７つの人格特性の検討で論じたように，泉克典は，極度に捜査官に迎合し，捜査官の誘導尋問に応じ易く，虚偽供述をする傾向，人格特性を有する，これが７つの人格特性である。
　７つの人格特性のうちでも特に，（オ）家庭特性（警察官一家），（カ）秘匿特性（ヒ素自己使用），（キ）社会特性（要庇護人物）の３点が捜査官に迎合し，誘導尋問に応じ易く，虚偽供述の傾向と関連する。
　それに加えて，（エ）金銭的特性（借金）のヤクザによる取立も関係する。
　ところが，原裁判所は極めて重要な（エ）（オ）（カ）のいずれも全く判示せず，（キ）の要庇護人物中，警察官宿舎の保護の点及び判決後２０余年を経た未だに泉克典に対して世間から隔離して，高野山に僧侶として置いていることについて全く判示しない。
　７つの人格特性中，最も捜査官に迎合し，捜査官の誘導に応じ易く，虚偽供述をし易い，（エ）（オ）（カ）（キ）の点を判示しない原裁判所において，泉克典の供述の信ぴょう性を十分に判断できる前提条件を大きく欠如していることは明白である。しかしこれらの点はしばらく置き，原判決が泉克典供述に対して，その捜査官に迎合し，捜査官の誘導に応じ易く，虚偽供述をし易い傾向に対して，どのようにそれら泉克典供述の欠点を回避しようとしているか，その方法を検討することにする。

第２　原裁判所の採る泉克典供述の欠点の回避方法

　原判決は，「牛丼事件」「うどん事件」に限ると泉克典供述の欠点回避方法として，２方法を採るように見受けられる（意図的に２方法を採っているのか，結果として２方法になったのか，原判決が明示していないので解らない。結果として２方法と受け取ることが出来るので，原判決は２方法を採用していると善解することとする）。

1 原判決の泉克典供述の欠点回避の方法

　原判決は，特に重要な「牛丼事件」と「うどん事件」において，泉克典供述の欠点回避の方法の1つとして，ヒ素摂取による人体の客観状況の変化（原判示6章）と，ヒ素を投与した人物，つまり被告人の行為（原判示13章）とを分離して認定することである。

　（1）「牛丼事件」「うどん事件」による人体の客観状況の変化の認定

　「牛丼事件」（原判示罪となるべき事実第6の2平成9年9月22日），「うどん事件」（原判示同第6の3平成10年3月28日）合わせて原判決6章の465頁から506頁で，牛丼やうどん摂取後，泉克典のおう吐，下痢，手足のシビレ等の身体の客観状況，血液検査，爪，毛髪のヒ素含有鑑定，多発性ニューロパチー症状のヒ素反応，カルテの記載等の医学的検査の結果，辻一二三，林健治，田中政希等の泉克典がマージャン中におう吐等をしていた状況の供述，医師井上教授の総合分析等ヒ素摂取の身体の客観状況を認定する。

　（2）牛丼，うどんにヒ素が客観的に存在したことはいえないこと

　「牛丼事件」「うどん事件」を客観点事実から認定しているからといって，牛丼，うどんにヒ素が客観的に存在したことはいえないこと。

　なぜなら，泉克典の人格特性（カ）の秘匿特性で論じたように泉克典は，林健治にヒ素の取得を平成2・3年ごろに教えられ，その後も勝手に随時自己使用している。医者の診断結果，カルテとの付合，第三者による泉克典のおう吐の目撃事実があったとしても，それは泉克典のヒ素を自己使用した結果によるものか，牛丼やうどんと同時に摂取した結果によるものかの判別にならない。

　いずれにしても，牛丼やうどんを食べた結果，ヒ素を摂取した結果が生じたのか，泉克典のヒ素自己使用によるヒ素摂取反応の結果なのか，原判決では区別はついていないといわなければならない。

2　牛丼，うどんにヒ素投与の被告人の犯人性
　（1）泉克典供述の欠点回避のもう一方

　原判決の泉克典供述の欠点回避のもう一方は，ヒ素取得の客観的反応とは別に，牛丼，うどんに犯人としてヒ素を投与したのは被告人であることを独立して認定することである。

　原判決が認定する牛丼・うどんを泉克典が食べたことによるヒ素の客観的反応については，原判決第6章の第4，465頁から506頁で認定する。

　これに対して，被告人が牛丼やうどんにヒ素を投与して，泉克典に対して，被告人が食べさせたことを認定するのは，これとは別に判決の記載場所も大きく異なる原判決第13章823頁から838頁，854頁から865頁までである。

　このように泉克典のヒ素取得の客観的状況とヒ素を牛丼とうどんに入れて泉克典が食取

させたのが被告人であること。この二つを原判決書は記載場所だけは大きく違えている。しかしその中味や判断手法は全く同一方法である。いかにも異なる特別の判断方法を取ったかのように見せかけるポーズだけである。

　　（2）牛丼・うどんにヒ素を投入した人物の認定方法。
　原判決が採用する泉克典の牛丼・うどんにヒ素を投入したのは，被告人であることの認定方法が異常である。
　原判決は，８２４頁以下８３７頁までで泉克典の供述に基づいて牛丼に被告人がヒ素投与した事実について次の事実を認定する。
①　牛丼を食べるに到ったいきさつ
②　牛丼の箱の字，模様，食べた後の状況
③　食べた後にマージャンの時に何度も泉克典がおう吐にいっている状況の土井武弘，林健治の供述
④　カルテの記載との照合
⑤　牛丼を食べたことの信ぴょう性
⑥　泉克典の朝食抜きの信ぴょう性
⑦　当日の夕食抜きの信ぴょう性
⑧　泉克典を被保険者として，被告人が管理する生命保険に９口入っていること
⑨　林健治の高度傷害保険詐欺に失敗した時期と重なっていること
⑩　泉克典が牛丼以外にヒ素を摂取する機会は無いこと

　以上から被告人に牛丼に入れたヒ素を摂取させられ殺人未遂にあったと認定する。
　以上の①〜⑩の各事実を詳細に見て欲しい。これら①〜⑩の事実で「牛丼に被告人がヒ素を投与した」という事実を認定できるであろうか。
　おそらく１００人が１００人とも否と回答するであろう。
　原判決は，泉克典の供述だけからは，牛丼に被告人がヒ素を投与した事実を認定できないのである。

　　（3）「うどん事件」被告人のヒ素投与の有無について
　次に「うどん事件」について被告人のヒ素投与の有無について，原判決の認定を検討する。
　原判決８５４頁ないし８６０頁において，「うどん事件」の被告人のヒ素投与を判示する。
①　３月２８日は朝からマージャンで夜の９時ごろうどんを食べたこと
②　田中政希，辻一二三の証言とうどんの食取の事実，泉克典のおう吐の事実が一致していること

③ ３月２９日午後３時ごろから泉克典はおう吐したこと

④ 泉克典は保険総額６３０９万９４５５円がかけられていること

⑤ ３月２８日の午前９時以降に泉克典が摂取したのは９時ごろのうどんのみであること

⑥ 泉克典がうどん以外にヒ素を摂取することは無いこと

⑦ 平成９年９月２２日麻婆豆腐, 同年１０月１２日, 中華丼に被告人がヒ素を入れて泉克典に摂取させていること

⑧ 平成９年１１月２４日, 平成１０年３月１２日に保険金詐欺目的で泉克典に被告人は睡眠薬を摂取させていること

⑨ 平成１０年３月２９日被告人及び林健治は泉克典に保険金目的で交通事故を起こさせていること

⑩ 泉克典は平成１０年３月当時自分が急性ヒ素中毒であることは認識していないこと

　以上により, 被告人が死亡保険金取得目的で泉克典にヒ素混入のうどんを食べさせたと認定する。

　注意を要するのは, この「うどん事件」においても, うどんに被告人がヒ素を入れた事実は, ⑦の類似犯罪事実である「麻婆豆腐」, 「中華丼事件」の類推だけである。

　（４）原裁判所が採る方法は, ２つの類似事件のデッチ上げである

　そこで, 原裁判所が採る方法が, 以下の２つの類似事件のデッチ上げである。

①　２つの類似事件とは「麻婆豆腐事件」と「中華丼事件」である。

　原裁判所は, 起訴もされず, もちろん原判決の「罪となるべき事実」に認定もされていない。泉克典の公判証言, 捜査段階の員面供述調書にも供述していない。存在するか否か自体明らかでない。裁判所は検察に起訴勧告もしていない。「麻婆豆腐事件」「中華丼事件」を, 「牛丼事件」「うどん事件」の類似事件としてデッチ上げる。

　この２つの類似事件とは, いずれも被告人がヒ素を投与して, 泉克典に食べさせようとした殺人未遂事件であるとのことである。

　「麻婆豆腐事件」は原判決書１３章の８３８頁から８４７頁に判示する。

　「中華丼事件」は同１３章８４７頁から８５４頁に判示する。

　判決書を通読していてこの「麻婆豆腐事件」の判示と「中華丼事件」の判示に当ると, アレ!　このような事件も起訴されていたのかと, 起訴状を急いで確認する作業を取る。しかし, 起訴状の起訴事実には無く, 泉克典の公判証言, 捜査段階の員面供述にも全く無い。

　それはそのはずである。原裁判所がデッチ上げた事実だからである。つまり原判決書の８３８頁から８５４頁までの「麻婆豆腐事件」, 「中華丼事件」は, 「牛丼事件」, 「うどん事件」を補強するため, 裁判所がデッチ上げた事件だからである。

　これは何のためなのか。推察するに, 原判決は, 被告人は牛丼・うどん事件以外にも殺人未遂罪となる「麻婆豆腐事件」「中華丼事件」も犯していると判示したいのであろう。

現に原判決８６１頁において，被告人は泉克典に対して，平成９年９月２２日牛丼を，同年１０月１２日麻婆豆腐を同年同月１９日に中華丼を，そして平成１０年３月２８日にうどんにいずれもヒ素を混入して食取させたと認定している。要するに同種事件を挙げて，「牛丼事件」「うどん事件」の犯行の補強にしようとするのである。

② 換言すれば，牛丼，うどん事件の被告人の犯人性の立証は，それほど薄弱で，デッチ上げた同種の麻婆豆腐，中華丼事件等多数の類似事件を犯していると同種事件の類推の力を借りなければならないほど薄弱であるということである。

被告人が牛丼やうどんにヒ素を投入した犯罪事実を事実関係だけから立証し，判示することが出来ない。

そこで原判決は，被告人がヒ素を投与したとする麻婆豆腐事件と，中華丼事件をデッチ上げて判示にする。この補強を得て，「牛丼事件」「うどん事件」も被告人がヒ素を投与したと認定するのである。

しかし，このような全く起訴もされていない存在するか否かも明らかでない別件をデッチ上げて，被告人がヒ素を投与する犯行をしたとすることが許されるならば，麻婆豆腐，中華丼事件以外にもいくらでもデッチ上げられる。例えば，親子丼事件，テンプラ丼事件等である。

裁判所は有罪の認定する自信があるのなら，検察に起訴勧告をすべきであるが，その起訴勧告もしていない。

裁判所が事実認定に行き詰ると，裁判所において，勝手にありもしない架空の事実をデッチ上げることが出来，その架空の事件と類似し，時間的にも接近隣接しているからと，立証で行き詰まった事件も，その架空の事件と類似を理由に，立証されたと認定できるのであれば，この世の裁判において，立証困難，立証不能ということは起こり得ないことになる。

これでは裁判を行う意義は全く無い。裁判ではあり得ない。このような裁判とはいえない裁判が現実に行われている。

それが再審申立パートⅡの事件なのである。

可能であれば，出来るだけ多くの皆さんにこの出鱈目な原判決書を直接見て欲しいと真剣に思っている。

このような裁判とはいえない裁判で死刑が言い渡されている。 正に「司法殺人」（森炎著 講談社刊）そのものである。

③ あまりの原判決の異常に驚き，再々泉克典の公判証言（第３９回，４１回，４７回，４８回，４９回，５０回）を精査した。

第４１回公判証言調書の１８６頁で中華丼を食べたこと，正に食べたことだけの証言がある。

第５０回公判証言調書の４１頁と１００頁に麻婆豆腐を食べたことの証言がある。

同７６頁に中華丼を午後７時過ぎに食べて午後９時過ぎごろトイレでおう吐したとの証言がある。

しかしいずれも以上の限度のとおりで，泉克典の公判証言調書でも牛丼やうどんに被告人がヒ素を投与したことはおろか，麻婆豆腐や中華丼についても被告人がヒ素を投与して，泉克典に食べさせようとした証言は全くない。

④　そこで次に証拠として不採用で本件裁判の証拠とはなっていない泉克典の員面調書を精査した。泉克典の員面調書は，平成１０年８月１５日から平成１１年２月２日まで４０通ある。

麻婆豆腐や中華丼の供述は，平成１０年８月２６日付員面調書中に，同９月１７日中に，同９月２１日中に，平成１１年２月３日中に，いずれも供述記載がある。

しかし，いずれの麻婆豆腐，中華丼の供述記載にも被告人が麻婆豆腐，中華丼にヒ素を投与して泉克典に食べさせようとしたとの具体的な供述は全くない。

原判決は，泉克典の公判証言，捜査段階の員面供述書を麻婆豆腐，中華丼に被告人がヒ素を投与して，泉克典に食べさせようとしたとのデッチ上げ判示の着想のヒントにしたと推測される。

仮に百歩譲って，麻婆豆腐や中華丼に被告人のヒ素投与の犯人性があるとしても，それが即，本件罪となるべき事実の牛丼やうどんの被告人の犯人性に直結する訳でもない。

原判決はあまりにも特異なデッチ上げの論理を使って，牛丼やうどんの被告人の犯人性を認定しようとするものである。

⑤　このような認定方法が可能であれば，世の裁判に立証不明，立証不可能などということは起こり得ないことになる。

裁判所において類似事件をデッチ上げ，それが密接に隣接している事実をデッチ上げると，どのような立証であっても，裁判所において不可能となるようなことはないことになる。

裁判所がこのような方法をデッチ上げられるとするのは，もはや，それは裁判とは言えない。

　４　小括
以上で原裁判の採った「牛丼事件」「うどん事件」における泉克典供述の信ぴょう性検討方法を検討してきた。

　（１）「牛丼事件」「うどん事件」の客観的状況の認定
まず「牛丼事件」「うどん事件」について，合わせて原判決第６章４６５頁～５０６頁において，牛丼・うどんを食べたときの泉克典の客観状況を認定する。

　この客観状況について注意すべきは，牛丼・うどんの食取後ヒ素の反応が出るが，これが牛丼・うどんの食取だけによるものか。泉克典が平成2年ごろから林健治に教えられてヒ素の自己使用をしている結果によるものなのかの区別である。

　原判決は，泉克典のヒ素の自己使用の人格特定の（カ）の秘匿特性に気がつかず，認定さえしていない。

　従って，原判決は泉克典がヒ素を自己使用することを認定できない。

　そこで原判決は，牛丼・うどんの食取後，泉克典にヒ素反応がでたことを牛丼・うどんの食取の結果だけだと判示する。しかしこれは不十分な判示である。人格特性の（カ）によれば，泉克典には平成2年ごろ以降，ヒ素の自己使用があり，牛丼・うどんの食取の結果としてのヒ素の反応なのか，泉克典のヒ素の自己使用の結果としてのヒ素の反応なのか，区別が認定されていないのである。原判決のこの泉克典の牛丼・うどん食取後のヒ素の反応を牛丼・うどんの食取によるものとだけ認定している点は全くの不十分といわなければならない。

　（2）牛丼・うどんのヒ素投与が被告人の犯行である点の認定
　次に原判決の牛丼・うどんのヒ素投与が被告人の犯行であるとの点を認定判示する。
　原判決は，今度は前記客観的状況を第6章で認定したのとは大きく判示の場所を背えて，第13章で判示する。
①　原判決が牛丼について，被告人がヒ素を投与したことを認定するのは，第13章の824頁〜837頁である。

②原判決がうどんについて，被告人がヒ素を投与したことを認定するのは第13章の854頁〜860頁である。

③先に論じたように，原判決は泉克典証言からだけでは，牛丼やうどんに被告人がヒ素を投与した事実を認定できない。

④そこで原判決は，第13章838頁から847頁で，「麻婆豆腐事件」を，第13章847頁から854頁で「中華丼事件」についてデッチ上げてこれを判示する。
　この「麻婆豆腐事件」「中華丼事件」は起訴もされておらず客観的に存在したか否かも不明で泉克典の証人調書でも証言されていない事件で，原判決がデッチ上げた事件である。
　裁判所は，「麻婆豆腐事件」「中華丼事件」に十分な犯罪性があるとするのであれば，検察に起訴勧告をすべきである。しかし起訴勧告もしていない。
　この「麻婆豆腐事件」「中華丼事件」は，被告人がその中にヒ素を投与して，泉克典に食取させた事件であるとのことである。
　「牛丼事件」「うどん事件」と密接に隣接し，その密着した時期に麻婆豆腐事件と中華

丼事件が発生しているので、「牛丼事件」「うどん事件」のヒ素投与も被告人の犯行によるものであるとするのが原判決の認定である。

⑤　だが冷静に判断されたい。「牛丼事件」や「うどん事件」におけるヒ素投与の犯人を客観的証拠から認定できないとき、起訴もされておらず、客観的存在さえ不明のそして泉克典の公判証言にも無い類似の麻婆豆腐や中華丼事件をデッチ上げ、麻婆豆腐や中華丼事件のヒ素投与の犯人が被告人であり、麻婆豆腐や中華丼事件と牛丼事件やうどん事件が密接に隣接しているとして、牛丼事件やうどん事件のヒ素投与の犯人を被告人であると認定することが許されるものなのであろうか。

　このような事が許されるなら、世の中の裁判で立証困難という事態は生じない。

　これでは裁判自体をする必要性さえ生じないのであろう。

　原裁判所の採った「麻婆豆腐」「中華丼」デッチ上げの事件は、裁判とはいえないものである。

　仕立て上げ、被告人を有罪としなければならないのか？

　なぜここまでして、真犯人を逃がさなければならないのか？

ということである。

　これらのことが「和歌山カレー事件」の本当の争点なのである。

⑥　結論

　「牛丼事件」「うどん事件」につき被告人は無罪である。

第3　原判示罪となる事実　第4「くず湯事件」について

　1　泉克典の供述による、くず湯を食べた状況

　原判決罪となるべき事実第4によれば、被告人は保険金をだまし取る目的で、林健治を殺害しようと企て、平成9年2月6日、ヒ素を混入したくず湯を健治に食べさせたが、殺害の点は未遂に終わった、というものである。

　原判示第6章第9の原判決570頁から571頁で、健治と泉克典が中江病院から自宅に戻り、くず湯を食べた状況が泉克典の供述で具体的に判示されている。

　これによると、健治はくず湯を食べて20分ほどして吐きそうだと言い病院に戻ったというのである。健治のおう吐はその後も続き、カルテによると14回おう吐した。その後は下痢の症状が出て来たというのである。

　同様の泉克典の健治の平成9年2月6日の病院について、原判決12章805頁から809頁で、健治が何かないかと言って、被告人がくず湯を作って健治が食べた状況、泉克

典の問いに，これは「くず湯」だと健治が答えた状況，吐きそうになり病院に戻った状況
が泉克典の供述で具体的に認定されている。

　2　林健治の供述による，くず湯を食べた状況
　これに対して，同じく原判決12章809頁から812頁までで，健治は次の様に言っ
たことを判示している。
　2月6日は……医師が退院というのだから，自宅に戻った方が，その方が客観的だろう
と思い，家に帰った。その日帰ることは，事前には被告人に連絡していない。
　自宅に帰り，こたつの西側に入り，食堂西側に取り付けていたクローゼットに背中をも
たれかけるような感じで座った。私は，被告人に「明日退院やて。」と言ったように思う。
それに対して，被告人が，「そんなに顔色悪いのに大丈夫なんか。」と言ったので，私は
「だるいけども，病院が退院や言うてんのにしやなかろうが。」と言った。しかし，被告
人と話した後，体はだるくて仕方なかったし，胸も悪いし，ムカムカするし，気分が悪い
ので，泉に，「中江病院に帰ろうや」と言って，自宅には20分ほどいただけで中江病院
に戻った。自宅に帰ったときには，何も食べておらず，お茶1杯飲んでいない。
　私は，自宅に帰ったときに，被告人に「何か食べるものないか。」と問いかけたことは
ないし，被告人から「帰ってくるの知らんかったから何も用意していないよ。」と言われ
た記憶はない。泉がテーブルの上にあったくず湯を持ってきて「これは何ですか。」と聞
いてきたこともないし，私が，泉に「くず湯や。片栗粉を練ったようなもんや。」教えた
こともない。私は逮捕後，警察で教えてもらうまでくず湯自体を知らなかったし，見たこ
ともなかった。
　と，被告人との食べ物についてのやり取りや，くず湯を食べたこと，くず湯自体を知ら
ないし，見たこともなかった。と，泉克典の供述を肝心の部分で全面的に否定している。

　3　泉克典供述の信ぴょう性が高いとする原判決の認定の疑問
　（1）原判決の両証言の信ぴょう性の比較検討
　原判決は，原判決書814頁ないし817頁において，泉克典証言，健治証言の信用性
と題して，両証言の信ぴょう性と比較検討している。
　特に原判決816頁～817頁において，以下の理由で泉克典供述の方が信ぴょう性が
高いと判示する。
　（a）泉供述の方が具体的であること
　（b）泉供述は被告人に不利益や，自らの供述を必要以上に正当化しようとしてないこと
　（c）被告人から，くず湯を買ってくる店を教えてもらい，自らも後日そこで買って確か
めていること
　（d）泉供述は病院関係者の供述と符合する点が多く，作為的な傾向も認められないこと
　（e）健治の供述には，内容自体不自然な点が多いばかりか，病院側の証拠関係と矛盾す

る点も多いこと，明らかに被告人をかばうために虚偽の供述をしていると評価できるものであること

（f）弁護人の反論は採用できず，健治のくず湯摂取は関係証拠から認定できること

　以上により，泉克典供述の信ぴょう性が高く，２月６日被告人がくず湯にヒ素を投与して健治に食取させた事実が認定できると判示する。

　　（2）原判決の認定に疑問
　しかし原判決の泉克典の供述の方が健治の供述より信ぴょう性が高いとする認定には疑問がある。
　以下前記（1）の（a）ないし（f）を具体的に検討する。

（a）について
　どちらの供述が詳細かは，それぞれの尋問者の尋問の態度，尋問の長さ，詳しさ，尋問の時間に左右されることである。この点はどちらの供述が具体的か否かの判別はできない。

（b）泉克典供述の正確性について
　泉克典の極度に捜査官に迎合し，捜査官の誘導尋問に応じ易く，虚偽供述の傾向のある泉克典の人格特性について，原判決は検討が全くされていないこと，等に照らして，原判決の認定は検討不十分だといわなければならない。

（c）について
　くず湯の販売店については，くず湯自体が捜査官の誘導尋問に基づくものであり，捜査官にくず湯の店を教えられていたとするのなら，泉克典が後日その店を確認して来たとしても，泉克典供述の信ぴょう性には何の意味もない。
　林健治や被告人をその店に連行し，店員の証言で健治や被告人が良くくず湯を買いに来ていたという証言を得られたなら意味はある。

（d）について
　捜査官の誘導尋問で病院関係者の供述と符合する尋問をしている可能性があり，（d）で泉供述の信ぴょう性判定の基準にはならない。

（e）について
　捜査官は被告人を殺そうとしていた等，被告人と健治の仲を殊更，削こうとする取調べをし，健治の幾分それに動かされているきらいが有る。そのような健治が被告人にことさら有利な供述をするとは考えられない。

（f）について

　関係証拠から健治のくず湯摂取が認定できると認定するが，関係証拠とは泉克典の証言だけである。泉克典証言の信ぴょう性にかかっているのである。

　泉克典の供述と，健治の供述の信ぴょう性の対比は以上のとおりである。客観的に判定する以上，どちらの供述がより信ぴょう性が高いかと判定することは非常に困難と思われる。

　何よりも，捜査側は泉克典に誘導尋問に応じやすくするために，被告人からの追及を避けるために，捜査側が被告人に勧めて被告人に完黙させている。一番肝心な被告人の供述なしで真相を検討している状況を前提としなければならない。

　しかし，ここまででは，泉克典が極度に捜査官に迎合的で，捜査官の誘導尋問に応じ易く，虚偽供述をする可能性である，泉克典の7つの人格特性に基づいた，泉克典の供述の検討をしていない。この検討をすれば，泉克典の供述の信ぴょう性は相当程度低くなると推測される。

　7つの人格特性を有する泉克典の供述が信ぴょう性を有するためには，その供述は一問一答方式でなければならない。

　それがなされていない現在において，その含みがあることを置くことを条件に，刑事裁判の証拠原則に立ちかえって判定する以外にはないと推認される。

　そうすると，疑わしきは被告人の有利との証拠法則に則り，健治の証言がより信ぴょう性があると判断するほかない。

　以上により，原判決の泉克典の供述がより信ぴょう性が高いとの認定は誤った認定だといわざるを得ない。

　「くず湯事件」について被告人は無罪である。

第4　原判示第6の2入院給付金等詐欺（「睡眠薬事件」とも称する）について

　1　泉克典の意識消失状態の出現
　泉克典は10回の意識消失を証言する（原判決769頁）
1．第1回　平成8年7月2日（原判決770頁）
　7月2日午後7時ごろから翌3日朝まで
2．第2回　平成8年9月8日（原判決　772頁）
　9月8日午後8時ごろから9月9日午前5時ごろまで
3．第3回　平成8年11月ごろ（原判決773頁）

その午前中から翌朝まで
４．第４回　平成８年１２月３１日（原判決７７３頁）
　　その日の午後から翌朝まで
５．第５回　平成９年１月下旬（原判決７７４頁）
　　その日の１日中
６．第６回　平成９年９月ごろ（原判決７７４頁）
　　その日の午前中から翌朝まで
７．第７回　平成９年１１月２４日（原判決７７５頁）
　　同日午後８時ごろから翌朝まで，バイク運転中に意識失う
８．第８回　平成１０年１月２３日ごろ（原判決７７６頁）
　　その日の午後から翌朝まで
９．第９回　平成１０年２月３日（原判決７７７頁）
　　３日の午後から５日の午前まで
１０．第１０回　平成１０年３月１２日（原判決７７９頁）
　　その日の午後から翌朝まで，バイク運転中転倒事故

　２　泉克典の意識消失と被告人の犯人性
　　検察官はこの１０回の意識消失は被告人が，ハルシオン（睡眠薬）を摂取されたものだと主張する（原判決７８０頁）。

　　（１）泉克典の意識消失と睡眠薬との関係
　　原判決７８１頁　イ．泉の意識消失と睡眠薬との関係，によれば，泉は１０回の意識消失症状のうち３回（１回目，７回目，９回目）は病院でＣＴスキャン検査を含めた検査を受け，脳疾患の可能性を否定されている。糖尿病性昏睡やアルコール性昏睡の可能性も否定することができる。と，判示する。
　　実際に泉を診察した前田医師は，泉の症状は，睡眠薬の薬理作用による可能性があるとする。上山医師は，その可能性が高いとする。従って，３回の意識消失状態については，その症状が睡眠薬の薬理作用による症状と合致しており，脳疾患等によることが否定され，種々の検査にもかかわらず，特定の原因を確定出来なかったのであるから，睡眠薬の薬理作用による可能性が高いということができる。と，原判決は判示する。

　　（２）泉克典の保険契約と意識消失の関係
　　原判決７８３頁によると，泉に意識消失状態が出現した平成８年７月から平成１０年３月までの間の，被告人管理にかかる泉を被保険者とする生命保険契約の状況は，前記第１の２（３）（まとめて第１の４（２）ア）のとおり，（別表８参照）であって，被告人に泉の疾病等を奇貨として不正に入院給付金等の保険金を詐取する目的があったことは明ら

かであり，その保険金の不正取得目的は前記のとおり，被告人のみならず健治にも認められる。と，判示する。

3.　泉克典の入院給付金詐欺における，被告人の犯人性
（1）被告人が泉克典に睡眠薬を摂取させたのか
　裁判所は平成8年7月2日（1回目），平成9年11月24日（7回目），平成10年2月3日（9回目）の3回について，被告人が泉克典に睡眠薬を摂取させたものかどうか検討するに，泉克典の睡眠薬の摂取状況は，泉の証言が一部あるものの，その摂取態様は特定しにくく，また，健治にも泉克典に睡眠薬を摂取させる機会と動機は認められるから，個々の意識消失状態の出現について，それが被告人の犯行であるとまで認めることは基本的に困難である。と，判示する（原判決785頁）。
　そして，原判決は続いて，しかしながら，保険関係を管理し，相当数の睡眠薬の処方を受け，バイクを現に買い与えている被告人が，泉克典の意識消失に全く関与していなかったとは考えにくい。と判示する（同786頁）。
　そして，7回目については健治には，泉克典に銀行口座に入金を依頼している事実があることから，健治の犯人性は考えにくい。と判示し（同786頁），したがって，少なくとも平成9年11月24日（7回目）については，被告人が自ら実行したか，若しくは首謀しての犯行ということができる。と，判示する（同786頁）。

　しかし，保険関係の管理，睡眠薬の処方を知っていること，バイクを買い与えて事故が起こることを期待していること，この程度で，刑事裁判として，殺人，傷害のため睡眠薬投与したとする有罪認定が，刑事裁判の証拠法則上，許されるのであろうか。
　原判決は，合理的疑いを超える証明が，必要な刑事裁判において，民事裁判における証拠法則，即ち，証拠の優越性と誤解している疑いが濃厚であるといわざるを得ない。

（2）被告人による泉克典の保険関係の管理
　そこで，原判決の判示する被告人による泉克典の保険関係の管理（別表8）について検討する。
　原判決掲記の別表8を検討する。
　別表8　被告人管理に係る保険加入状況のうち，被保険者泉克典関係に限定して検討する。
（A）平成7年度3件中，保険金受取人はいずれも泉禎二。
（B）平成8年度6件中，①②は保険金受取人は土井武産業，③の保険金受取人は林健治，④の保険金受取人は相続人，⑤⑥の保険金受取人は泉禎二。
（C）平成9年度3件中，①は保険金受取人土井武産業，②の保険金受取人は泉禎二，③の保険金受取人は法廷相続人。

（Ｄ）平成１０年度２件中，①は保険金受取人の記載ナシ，②の保険金受取人は土井武産業。

　以上で１４件中泉克典の死亡により保険金受取人に被告人が関与できるのは，（Ｂ）③の受取人，林健治の１件だけである。

　　　（３）被告人による泉克典保険契約の失敗

　原判決，第１１章第１の２の（３）生命保険と入院に関する状況（ア）平成８年５月の保険会社の申込み拒絶。によると，被告人は，平成８年５月下旬に立て続けに次の４口の泉克典を被保険者とする生命保険契約を申し込んだが，いずれも保険会社から拒絶された。と，判示し，①ないし③は契約者，泉克典，死亡保険金受取人泉禎二，④は契約者泉克典死亡保険金受取人記載ナシ。①は明治生命，②は大同生命，③は朝日生命，④は安田生命と，判示する。

　以上のように，平成８年５月の４件の生命保険の申込は，不契約に終ったのである。

第５　入院給付金等詐欺事件（原判示第６の２），被告人は無罪である

　原判決は，泉克典は，平成８年ないし平成１０年において，１０回意識消失をしたと認定する。

　原判決は１０回の意識消失のうち，１回目（平成８年７月２日），７回目（平成９年１１月２４日），９回目（平成１０年２月３日）は，睡眠薬の薬理作用によるものであると認定する。

　そして，被告人が泉克典の保険関係を管理し，睡眠薬の処方を知り，バイクを泉克典に買い与え，泉克典がバイクで交通事故を起こすことを期待して，後をつけていることから，被告人が，泉克典の７回目の意識消失については，睡眠薬を泉克典に自ら投与したか，首謀して投与する犯行をしたと認定する。

　しかし，原判決の論理には著しい飛躍がある。
　被告人が保険関係を管理していること，睡眠薬の処分を知っていること，バイクを買い与えたこと，バイクによる事故を希望していること，バイクで出かけた泉克典の後をつけていること，以上の事実を認定した上，被告人が泉克典のバイクによる事故死を希望して，睡眠薬を投与したとするのである。

　何よりも，泉克典の保険関係を管理しているだけでは，泉克典の保険金受取人になっていない以上，泉克典が死亡しても死亡保険金を被告人が受取ることは出来ない。受取って死亡保険金受取人に渡さなければ，背任罪か，横領罪等の犯罪になる。

　原判決は，保険関係を管理しておれば，死亡した場合，保険金を受領できるとでも思っ

ているのであろうか。そうだとすれば，社会常識に欠けること大であるといわなければならない。

　なお，原判決は，被告人が泉克典の生命保険の管理を多数しているとして，判決書に別表８を設けるまでして判示する。
　そこで,別表８の保険金受取人が被告人であるかどうかを調べた結果,別表８の平成７,８，９年度１４件中，林健治が受取人になっているものが１件あるだけで，外は，泉禎二や，土井武産業で被告人自身の受取人のものは全くない。
　被告人は平成２年から日本生命の保険外交員をしており（原判決７９８頁），その関係から管理をしているとしても，泉克典が死亡した時に死亡保険金を受領することが出来るのは，保険金受取人である。
　また前記のように泉克典は生命保険金契約４件の契約をいずれも保険会社から断られているが，この保険金受取人も被告人では無い。
　原判決の保険関係の管理をしておれば，死亡保険金を受取ることが出来るかの如き判示には，その非常識さに驚く外ない。

第６　結論

原判示第６の２入院給付金等の泉克典に対して，睡眠薬投与による詐欺の事実について，被告人は無罪である。

第4章　再審申立事件パートⅡ4件「くず湯事件」「牛丼事件」「うどん事件」「睡眠薬投与保険金詐欺事件」の総括

第1　再審申立事件パートⅡ4件はいずれも無罪

1　「くず湯事件」

「くず湯事件」において，被告人が健治にくず湯を食べさせた事実について，肯定する泉克典と否定する健司の証言が真っ向から対立する。証拠上優劣を決し難い。証拠法則に則り，疑わしきは被告人の利益との原則で，健治の証言を採り，被告人は無罪である。

2　「牛丼事件」「うどん事件」

「牛丼事件」「うどん事件」において，原審は被告人の犯人性を証拠上どうしても認めることができない。

そこで，原審が採った方法があまりにも異常で，裁判にあらざる方法を採り裁判の全面否定に繋がるものとなる。

即ち，原審は，「麻婆豆腐事件」「中華丼事件」をデッチ上げる。

この2件は，起訴もされておらず，泉克典の証言や捜査段階の供述調書にも事件としては述べられておらず，存在自体不明で，もちろん裁判所も検察に起訴勧告もしていない。

「牛丼事件」「うどん事件」は，被告人がヒ素を投与して泉克典に食べさせようとした，この「麻婆豆腐事件」や「中華丼事件」と時間的に極めて接近し，相前後して起こったとする。「麻婆豆腐事件」「中華丼事件」の類推で，「牛丼事件」「うどん事件」も被告人の犯行であると認定する。

しかし，立証及び認定に行き詰まると，裁判所は勝手に類似事件をデッチ上げることができ，そのデッチ上げた類似事件の類推で立証，認定に行き詰まった本来の事件も類推で有罪とできるのであれば，これはもはや裁判では無い。このような裁判にあらざる方法で有罪とする「牛丼事件」「うどん事件」は，当然無罪である。

第2　情けない判決

1　原判決は，結論が成り立たない事を立証したに過ぎない

原判決書約1000頁。このうち，今回再審申立パートⅡの4件，「くず湯事件」「牛丼事件」「うどん事件」「睡眠薬投与保険金詐欺事件」をつぶさに検討してきた。

本再審申立パートⅡにおける原判決の4つの有罪事件，つまり「くず湯事件」「牛丼事件」「うどん事件」「睡眠薬事件」は，いずれも無罪であることを指摘した。

　この指摘に特別の新証拠を必要とした訳ではない。
いずれも原判決自体の考察の不十分，論理矛盾，異常な論理の適用，非常識を指摘して，原判決の結論が成り立たない事を立証したに過ぎない。

　つぶさに精査すればするほど，原判決の内容の無さ，異常な論理に驚かされる。直言を許されるなら，これで判決と言えるのかということである。

　原判決は量だけは非常に大部で約１０００頁である。もって回った記述や，順序に今一つ工夫の無さから読了に大変な努力を要する。

　２　原判決文を精査されることを何より希望する
　多くの人が直接原判決を精査すれば，筆者と同じ感想に達するものと思われる。このような判決で死刑にすることが出来るのか。

　再審申立パートⅡが極端な指摘だと思わず，まず原判決文を精査されることを何より希望したい。その結果，論理は再審申立パートⅡの指摘の通りであることがお解りいただけると確信している。

　何よりも国民が簡単に判決に接する事が出来る制度の確立が必要であることが痛感される。そして，このような異常な判決が横行することを早く終りにしてほしいものである。

　社会は，ＡＩ，ＩＴの時代である。ＢＩＭデータ，ＣＩＭデータと呼ばれる装置で，建物や建物以外を建設したときは，特殊カメラで構造に欠陥が無いかどうかが外部の離れたところから簡単に確認できる時代である。

　ところが，捜査や判決の欠陥について，事後国民の目から簡単にこれを正，不正を確かめる方法が全くといってよい程無い。

　捜査の結果や判決に内容に接することさえ不可能ないし極めて困難である。

　そのことが，今回の異常な捜査，判決の横行を許しているのである。

　捜査や判決にも早くＡＩ，ＩＴの時代の早々の到来を期待したい。

第３　なぜこのようなインチキ判決が２０余年間も非難を受けずに持ちこたえてきたのか

　１　「インチキ裁判」という表現について
　判決を批判する言葉として「インチキ裁判」という表現は必ずしも妥当とはいえない。しかし，当該裁判に対しては，これ以外に妥当な表現は無い。以下その理由を以下に明示する。

　「和歌山カレー事件」の判決，つまり，再審申立パートⅠは判決の体をなさないものである。

死刑判決でありながら，死因に対する証拠が欠如している。この点はパートⅠで詳論した。

更に，死因に対する検察官の代替証拠に対する検討も全く欠如している。この点についてもパートⅠで詳論した。

2　保険金詐欺に関する最新申立つまり再審申立パートⅡについて

その点をインチキ裁判と称するのである。このインチキ性が複雑な構造と，約1000ページに渡る判決書のあちこちに飛び飛びに書かれているため，容易に理解し難いため，２０年余年間，非難を受けずに持ちこたえて来たのである。

しかし，複雑，煩雑な構造と，あえて解りづらく，飛び飛びの場所に書かれている構造を一旦理解すると，そのインチキさは単純である。

保険金詐欺に関する部分は３部構成から成る。この３部構造理解が重要である。

A　まず1つ目は，「くず湯事件」についてである。この点は，泉克典供述（証言）と林健治供述（証言）の信ぴょう性の比較検証の問題であると原判決はしている。

B　次に2つ目は「牛丼事件」「うどん事件」についてである。この点は，原判決は，「麻婆豆腐事件」「中華丼事件」をデッチ挙げ，その類推で有罪とした。このデッチ挙げである点の理解に至るのに，相当程度の努力を要する。

C　3つ目は，「睡眠薬事件」についてである。

この点は，原判決は，保険関係の管理をしていることが，死亡保険金を受領できるとの全く非常識な錯覚の下に，泉克典の生命保険関係の管理をしている被告人が，泉克典のバイクによる交通事故死を期待して，泉克典に睡眠薬を投与したと認定する。

非常識極まりない判決である。

以上のような三部構成から保険金詐欺の部分は成る。つまり，再審申立パートⅡはこの三部構成の検討である。

この三部構成が以上のように，本来のあるべき判決から大きく逸脱したものなのである。

3　「くず湯事件」について

原判決は，泉克典供述（証言）と林健治供述（証言）の表面的な信ぴょう性比較だけで，泉克典供述（証言）が信ぴょう性が高いと評価し，有罪と認定する。

しかし，林健治が病院から自宅に戻って，最初に言葉をかわし，「くず湯」をたのんだのかどうかの応待をしたのは，被告人である。

この被告人は，捜査の当初から，第一審の公判中に完全黙秘（完黙）をしている。

この完黙をした原因は，２人の警察官から，異なる時期に完黙を勧められた，つまり騙されて完黙した。違法捜査の効果である。

検察官が被告人に完黙を勧めた原因は，泉克典に捜査側が誘導尋問をし，それに泉克典が乗ったとしても，被告人から泉克典に対する追及は無いことを，泉克典に理解させ，泉

44

克典に捜査側の誘導尋問に乗らせるためである。

このように泉克典の供述（証言）に重要な影響を及ぼす被告人の完黙問題について，原審は一歳触れることがない。

この被告人の完黙の検討を欠いた，泉克典の供述の信ぴょう性は，ほとんどその価値は無いといわなければならない。

この点から原審の泉克典の供述（証言）に信ぴょう性が大であるとする認定には問題が大きい。

泉克典には，捜査側に極度に迎合し，捜査官の誘導尋問に応じ易く，虚偽供述をする7つの人格特性がある。

原審はこの7つの泉克典の人格特性について一切触れることが無い。この7つの人格特性を抜きに，泉克典の供述（証言）の信ぴょう性を検討することは出来ない。7つの人格特性の検討の無い原審の泉克典供述（証言）の信ぴょう性評価は，その妥当性が無いといわなければならない。

いずれにしても原審の泉克典の供述（証言）の信ぴょう性に問題点があり過ぎて，不十分，不適当である。

4　「牛丼事件」「うどん事件」について

原審は，「牛丼事件」「うどん事件」それ自体から，その有罪，無罪を検討することが出来ない。

そこで突如「麻婆豆腐事件」「中華丼事件」を持ち出す。実質はデッチ上げである。この「麻婆豆腐事件」「中華丼事件」は起訴されておらず，原審も検挙に起訴勧告もしておらず，泉克典供述にも事件としては述べておらず，存在する明らかではない。原審はこの「麻婆豆腐事件」「中華丼事件」は被告人がヒ素を投与して，泉克典に食べさせようとした事件で「牛丼事件」「うどん事件」の類似の事件であるとする。そして時間的に接近し，隣接して発生した事件であるとする。この「麻婆豆腐事件」「中華丼事件」の類推から，「牛丼事件」「うどん事件」は有罪であるとする。

本件判決書を通読していて，この「麻婆豆腐事件」「中華丼事件」がデッチ上げ事件であることにすぐに気が付く人はほとんど無いと言っても良いであろう。

それほどスムーズに，「牛丼事件」「うどん事件」の被告人の犯人性の判決書の個所に極めてスムーズに判示されている。

判決書を通読していて，起訴状の検討に目を移し，再び判決書を通読するという方法を採る人は少ないであろう。そうすると「麻婆豆腐事件」「中華丼事件」も存在したとして，その類推で，「牛丼事件」「うどん事件」も有罪であるとする原判決の判示は，極めて，何の支障も無く，スムーズに理解される。

非常に巧妙極まりない，デッチ上げ事件の判決である。これはインチキ判決という以外に表現のしようがない。しかし，この巧妙さで，デッチ上げ事件と見抜かれず，２０余年間非難を受けずに通して来られたのである。

このインチキ性は，極めて計画的，意図的なもので，通常に通読していては見破ることは困難である。

ここまで悪辣な判決が存在することに，以後注意をもって判決書に臨むことを教えられた判決書である。

5 「睡眠薬投与保険金詐欺事件」（「睡眠薬事件」）について

原判決７６９頁によると，泉克典は１０回の意識消失を証言すると判示する。

第1回は，平成８年７月２日（同７７０頁）〜第１０回は平成１０年３月１２日（同７７９ページ）である。

原判決７８１頁によると，第1回，第7回，第9回は睡眠薬の薬理作用による可能性は高いと判断する。

原判決７８３頁によると，被告人管理する泉克典の生命保険関係は，判決書別表８のとおりであって１４件である。被告人は泉克典の疾病等を奇貨として，不正に入院給付金を詐取する目的があり，７８６頁によると７回目（平成９年１１月２４日）については，睡眠薬を泉克典に投与したとする。

原裁判所は，この睡眠薬投与保険金詐欺事件について，以下のような論理で被告人の睡眠薬投与を認め有罪とする。

①まず，泉克典の保険金関係の管理をしていること

②被告人が睡眠薬の処方を知っていること

③泉克典にバイクを買い与えていること

④泉克典がバイクで交通事故を起こし死亡することを期待していること

⑤バイクで出かけた泉克典の後をつけていること

以上の事実を認定し，被告人が泉克典に少なくとも睡眠薬を3回投与し，または，首謀者となって投与していると認定する。

しかし，①ないし⑤の事実が存在するとして，なぜ被告人は泉克典に睡眠薬を投与したといえるのか。

原判決の論理には飛躍があり過ぎるのである。

そして，被告人は平成２年から，下肢ヤケドを負った平成８年２月１３日まで，日本生命の外交員として働いている。そこで生命保険の管理をしても何ら異常ではない。

生命保険等の管理をしても，死亡保険金は保険金受取人が受取る。管理をしている人が受領できるわけではない。原判決はこの点の大きな誤解があると認められる。原判決はあまりにも非常識といわなければならない。

　そして原判決が，管理しているとする保険についての原判決書添付の別表8の14件について
も，被告人自身が保険金受取人になっている事案は1件もない。

　泉克典が死亡しても保険金は被告人には入らないのである。

　保険金関係を管理していることを被告人が泉克典に睡眠薬を投与する大きな原因の1つに挙げているが，全く的ハズレと言わざるを得ない。

　原判決は，生命保険関係を管理しておれば，死亡保険金を受領できると錯覚しているのである。原判決の認定は非常識であると言わざるを得ない。

　この「睡眠薬事件」の点についても，泉克典の供述（証言）には，極度に捜査官に迎合し，捜査官の誘導尋問に応じ，虚像供述をする7つの人格特性がある点に注意しなければならない。この7つの人格特性の視点から泉克典の供述の検討を欠く原判決の認定は不十分である。

　何よりも10回の意識消失自体についても検討の要がある。

原判決711頁において，泉克典は，平成5年5月ごろ，当事勤めていた香庄商会において，勤務中の事故が多すぎることを理由に解雇されていることを認定している。

　そうすると，10回の初めの平成8年7月2日より以前の平成5年ごろから，意識消失に近い問題が生じていたといわざるを得ない。

従って，泉克典の供述（証言）に全面的信頼は置けないのである。

　6　小括

　以上のように，「くず湯事件」「牛丼事件」「うどん事件」「睡眠薬事件」において，原判決の問題点を指摘してきた。

　原判決は，判決とはいえない特異な認定による事件処理方法を採った判決である。非情に卑劣，姑息な方法で20余年間生き伸びて来た。

　しかし，詳細に検討すれば判決の各に値しないものであることが明らかとなったのである。

第5章　新規明白な証拠（刑事訴訟法４３５条6項）

　以下の事実は，確定判決における事実認定につき，合理的疑いをいだかせ，その認定を覆すに足りる蓋然性の十分ある証拠である。新規・明白な証拠である。

第1　被疑者段階の被告人に完全黙秘を勧めた坂本と谷本の証人尋問

　1　2度に渡って，異なる時期に完黙を勧めた捜査官
　パートⅠの「和歌山カレー事件」再審申立書（万代宝書房　刊２０２１年6月１6日），１6８頁において，坂本捜査官と谷本捜査官（いずれも警察官と推測される）が，被告人に捜査段階の極めて初期に，お前ではくつがえすことは出来ないから黙秘した方が良いと，2度に渡って，異なる時期に完黙を勧めた。

　捜査官が被告人に完黙を勧める理由は，泉克典に何をしゃべっても，被告人からの追及は無い。と，いうことを信じさせ，泉克典に捜査官に迎合し，捜査官の誘導に応じることを了承させるためである。
　被告人は言が立ち，被告人に自由に発言させておくと，捜査側は裏付け捜査等で翻弄される。被告人は完黙することに利益は少ない。被告人としては，自由に発言する方が得である。逆に捜査側としては，被告人を黙らせた方が得である。このようなことから捜査官2名が，異なる時期に被告人に完黙を勧めたのである。

　2　坂本捜査官，谷本捜査官の証人を求める
　黙秘権が被疑者・被告人の権利であることに頑なな法律家は，捜査官が被告人に黙秘に勧めることが理解できないようである。
　これは例えば，家電量販店の赤字販売のようなものである。家電販売店は売り出しで，高価なテレビやパソコンを1円販売の大売り出しをすることがある。1円で販売してもそれが広告になること，メーカーからの補償があること，各種補助金，協参金があること等から採算は取れるのである（「1円家電のカラクリ」「牛丼一杯の儲けは9円」いずれも坂口孝則著，幻冬舎新書，「激安なのに丸儲けできるカラクリ」坂口孝則著，徳間書店））。
　これと同じで，捜査官による被疑者，被告人に対する黙秘の勧めも，捜査にとって黙秘することによる補填が合えば，それを勧めるのである。

　被告人の捜査段階からの第一審における黙秘を捜査官から告げられたことで泉克典は，捜査官の誘導尋問に応じたことが十分に考えられる。
　これを防止するためには，少なくとも，誘導尋問が十分に考えられる証人，供述協力者

の調書は，完全な一問一答方式で作成されていなければ信ぴょう性が無いとしなければならない。

　公正な裁判のためには，再審公判において坂本警察官，谷本警察官の証人を求める。

第2　泉克典の証人採用を求める

　極度に捜査官に迎合し，捜査官の誘導尋問に応じ易く，虚偽供述をする傾向が大である，7つの人格特性を泉克典は有している。

　再審パートⅡにおける4つの無罪事件，つまり「健治くず湯事件」，泉克典の「牛丼事件」「うどん事件」，そして「睡眠薬事件」において，いずれも泉克典の供述だけから原判決は認定した。

　泉克典は平成10年8月31日から12月29日まで，**警察官宿舎に寝泊まりする警察の保護期間中に40通の供述証書を作成された。**

　泉克典の捜査官迎合性，誘導尋問の応じ易さ，虚偽供述性からすれば，泉克典の供述調書は一問一答方式で作成されていなければならない。しかし，既存の供述調書は一問一答方式ではない。

　泉克典は，警察の保護期間が終了しても，現在に到るまで20余年間，警察の監視が続いており，警察の指導で高野山に僧侶として送り込まれ，一般の人と隔離されている。第一審判決後も警察関係のクリーニング店に就職させられ監視を続けられており，20余年間の隔離生活を泉克典は送らされているのである。

　公正な裁判を実現するためには，泉克典の真実の供述が不可欠である。同時に，泉克典の人権擁護のためにも，泉克典の証人尋問が必要である。

　再審公判廷では，泉克典の証人採用が不可欠である。

第3　「有罪率26％」本件関係事件の乱起訴の理由説明を検察に求める

　先に論述したように，本件関係事件のうち，ヒ素使用による殺人未遂等の起訴11件中有罪は4件，睡眠薬使用案件起訴12件中有罪は2件，合計23件起訴中有罪は6件の有罪率26％の乱起訴であった。

　このうち，有罪になったのは，いずれも泉克典の供述で認定した案件である。泉克典の

供述の信ぴょう性を浮かび上がらせるため，検察は乱起訴したと推測される。

　公正な裁判のためには，再審公判において，検察の乱起訴の理由を明らかにする必要性がある。
　検察の乱起訴の理由説明を検察に求める。

第4　泉克典の7つの人格特性の証拠調べを求める

　泉克典には，極めて捜査官に迎合し易く，捜査官の誘導尋問に応じ易く，虚偽供述をし易い7つの人格特性を有する。
　7つの人格特性とは，（ア）体質的特性（睡眠時無呼吸症候群），このため寝不足となり，睡眠薬等の薬物を求める。（イ）行動的特性（イネムリによる交通事故の多発），このため，警察からは，いつでも事故で検挙できると脅され，捜査に迎合的となる。（ウ）生活的特性（食事の不規律，朝食，昼食抜き晩食の多食等），（エ）金銭的特性（ギャンブル好き，働くことの嫌，借金多数，ヤクザの追い込みを受ける），（オ）家庭的特性（警察官一家，父，妹夫婦），犯罪や非行を家庭に知られることを恐れる。（カ）秘匿特性（ヒ素の自己使用を健治から教えられ，平成2年ごろから自己使用），（キ）社会的特性（要庇護性），泉克典は平成8年2月から平成10年3月まで，被告人方に住込み（原判決415頁），平成10年8月31日から同年12月29日まで警察官宿舎に保護として寝泊り（同750頁〜753頁），その後，現在に至っても，警察によって高野山に僧侶として，世間一般から隔離され，監視され続けている。
　原判決は，泉克典の7つの人格特性のうち，（ア）（イ）（ウ）（エ）（キ）の一部を場当り的に異なる判決書きの箇所で認める。（オ）（カ）は全く認定していない。

　原審弁護団は，人格特性に触れることもしていない。このような状況で，どうして泉克典の証言の信ぴょう性を追及できるのであろうか。この人格特性は，記録を精査すると，泉克典の供述の信ぴょう性を確保検討するため，どうしても類型化して，まとめて指摘する必要が感じられた。このことは，第一審の当時から当然に考えられたはずである。原審弁護人はこのような基礎作業をせずに，どのようにして泉克典供述の信ぴょう性を追及することができたのであろうか。
　そのため再審弁護人によって，類型化し，命題化して指摘しているものである。

　泉克典は，捜査，起訴に有益な証言をし，同人の証言だけで，再審申立パートⅡの4つの有罪事件は全部認定されている。
　そのような捜査側に有益な虚偽の証言をして，被告人を死刑に導いたのである。死刑判

決が死刑の執行で終了するか，再審で覆るまで，泉克典は警察によって隔離・監視され続けるのである。

　公正な裁判の実現と，泉克典の人権保障のため，再審公判において，泉克典の証人尋問を求める。それと同時に泉克典の７つの人格特性の証拠調べを求める。

第5　「麻婆豆腐事件」「中華丼事件」は原裁判所が創設した事件であることの確認を求める

　原判決は，「麻婆豆腐事件」については，原判決書13章の838頁から847頁において判示する。「中華丼事件」については，同章847頁から854頁において判示する。

　「麻婆豆腐事件」「中華丼事件」は，事件として起訴されたものではない。原判決が起訴勧告を行った事件でもない。泉克典の捜査段階の供述調書や原審公判廷の証言調書に記載されたものでもない。存在が証明されている事件でもない。

　原判決は，861頁において，平成9年9月22日牛丼を，同年10月12日麻婆豆腐を，同年10月19日に中華丼を平成10年3月28日にうどんをそれぞれ被告人は泉克典に食べさせたが，その中にはすべてヒ素を投与していたと判示する。

　4つの事件は，時間的に接近し，相前後して発生しているので，「麻婆豆腐事件」，「中華丼事件」にヒ素が被告人によって投与されたものなら，相前後した「牛丼事件」，「うどん事件」にも，被告人によってヒ素が投与されていると，原判決は認定するのである。

　原判決が何のために，起訴もされていない泉克典の供述調書や公判証言にもなく，存在の有無さえ明らかでない「麻婆豆腐事件」や「中華丼事件」を判示するのかというと，「牛丼事件」や「うどん事件」における被告人の犯人性を，原判決はどうしても認定できないからである。
　そこで被告人がヒ素を入れた事件であると，原判決が認定している「麻婆豆腐事件」と「中華丼事件」の類推で，「牛丼事件」「うどん事件」の犯人を被告人であると認定するのである。

　しかし，これはもはや裁判ではない。
　「牛丼事件」「うどん事件」の犯人性が認定できない時，「麻婆豆腐事件」「中華丼事件」をデッチ上げて，その類推で，「牛丼事件」「うどん事件」の犯人が被告人であると

認定できるのなら，立証不可能という事態は裁判には生じないことになる。裁判自体不要になる。

　原判決は，ここまで異常な認定，判示をするのである。裁判にあらざる裁判をするのが原審である。

　公正な裁判のためには是非とも，原審が認定する「麻婆豆腐事件」や「中華丼事件」が起訴もされておらず，泉克典の捜査段階の供述にも公判証言にも無く，原審が検察に起訴勧告も行っていない，原審が創設したデッチ上げ事件に過ぎないことの確認が不可欠である。

第6　死亡した人の保険関係の管理をしている人が，死亡者の死亡保険金を受領する権利は無いことの確認を求める

　原判決は，被告人が，①泉克典の生命保険関係の管理をしていること，②睡眠薬の処方を知っていること，③泉克典にバイクを買い与えていること，④泉克典がバイクで交通死亡事故を起こして死亡することを期待していること，⑤泉克典がバイクで出かけた後を追っていること。
　この①ないし⑤から，被告人は泉克典に睡眠薬を投与したと認定する。

　しかし，生命保険関係を管理していても，生命保険の死亡保険金受取人になっていなければ死亡保険金は受領できない。
　受領できない死亡保険金を受領できるとして，死亡させるため睡眠薬を飲ませることとしたのが，原判決の認定である。しかし，これは誤解に基づくものである。
　原判決は非常識極まりない誤判である。

第7　再審申立人林眞須美の本人証拠の申立

　林眞須美は，捜査段階で，捜査官2人に騙されて捜査段階から第一審において完黙し，それが本件冤罪の一つの原因にもなっている。この際，本人の真実の供述を証言する。

第6章　捜査規範の法定が急務である

第1　デッチ上げ事件の類推や非常識判断で有罪とする判決

1　「くず湯事件」について

「くず湯事件」については，原判決はこれを肯定する泉克典証言と否定する林健治証言を比較検討して，肯定する泉克典証言を採用して有罪とした。これは法理論上は全く問題性は無い。

「牛丼事件」「うどん事件」について，原判決は被告人の犯人性を認定できない。そこで原判決は，起訴もされておらず，泉克典の供述や証言にもなく，存在するか否かも明らかではなく，原裁判所も起訴勧告もしない，「麻婆豆腐事件」「中華丼事件」をデッチ上げる。この「麻婆豆腐事件」「中華丼事件」は，被告人がヒ素を投与して，泉克典に食べさせようとした殺人未遂事件であるとのことである。

「牛丼事件」「うどん事件」はこの「麻婆豆腐事件」「中華丼事件」と相前後して隣接して起こった事件であるとして，「麻婆豆腐事件」「中華丼事件」を類推して有罪とする。

このような存在すら明白でない類似事件を勝手にデッチ上げることが出来るのであれば，証拠困難，証明不能事件は，起こることがない。これでは裁判でさえない。

裁判所はここまで，異常な認定方法を採るのである。

2　「睡眠薬事件」について

「睡眠薬事件」について，裁判所は以下のような非常識な認定をする。

被告人は，（ア）泉克典の生命保険の保険関係の管理をしていること，（イ）被告人は睡眠薬の処方を知っていること，（ウ）被告人は泉克典にバイクを買い与えていること，（エ）被告人は泉克典がバイクで交通事故を起こして死亡することを期待していること，（オ）被告人は泉克典がバイクで出かけた後を追っていること。

以上のことから，裁判所は，泉克典が死亡すれば被告人が保険金を受領できると思って，被告人が睡眠薬を投与して泉克典に飲ませた，と認定する。

しかし，生命保険金の死亡受取人ではない被告人が，泉克典が死亡しても保険金を受領することは出来ない。

裁判所はこのような常識的な事も理解せず，非常識な認定をするのである。

第2　上級審も弁護団もデッチ上げ裁判，非常識認定を見破れないこと

　高裁，最高裁，控訴趣意書，上告趣意書においても，高裁，最高裁の裁判官，最高裁の調査官，控訴趣意書作成の弁護団，上告趣意書作成の弁護団においても，上記の類似事件のデッチ上げや非常識の保険金受領の可能性を見破っていない。

　原判決が１０００頁余という大部であること，持って回った記載や構成が複雑・煩雑であることに躊躇し，内容の検討を精査しなかったと思われる。
　しかし，いかに大部の判決であっても，内容を逐一精査しなければならない。精査すればこのようなデッチ上げや，非常識認定が簡単に明白になるのである。

　問題は，第一審でなぜこのようなデッチ上げや非常識認定，そして，意図的に判決を読み難くする判決書が行われるのかということである。

第3　国民が容易に死刑事件等重要判決を入手出来る制度が必要

　現在，国民は捜査については全面的に不開示制度が取られている。裁判についても裁判そのものは公開が原則であるが，判決書を入手することは容易ではない。重要な事件（死刑判決もその一つ）であればある程，国民は判決書を容易に入手出来なければならない。このことは民主主義の前提である。

　捜査の秘密で事後的にも国民に公開されず，判決書の入手も簡単ではないことが，本件再審パートⅡの４つの事件の捜査，判決が上記の通り，極めて情けない恥ずべき結果となった最大の原因である。
　何よりも民主主義国家として当然に捜査は事後的には公開されなければならない。判決書は，極めて容易に，希望する人には入手出来る制度でなければならない。判決を言い渡した裁判所は，国民の要求があれば，実費で裁決書を交付する制度が必要である。
　そのような制度であればデッチ上げ類似事件の類推認定や非常識認定は生じないのである。

第4　刑事事件の捜査，裁判について，捜査規範の法定が急務である

　先に再審申立パートⅠの第4章日本における捜査制度の欠陥と秘密主義で，日本は民主主義国家を標榜しながら，未だに捜査規範の決定化もされていない国であることを指摘し

た。
　パートⅠでは，捜査規範の決定化の必要性を主として捜査に重点を置いて指摘した。パートⅡでは，捜査規範の法定化の必要性を裁判にも重点を置いて指摘したい。裁判における事実認定の論理性の重視と，国民が判決書を容易・簡単に入手出来る制度のためである。

　民主主義国家の判決書，特に死刑の判決書の，本件判決書の如き極めて出鱈目な恥ずかしいものであることは，本件をもって終わりとしたいものである。
　そこで最後に，出鱈目捜査，出鱈目判決書の出現を阻止するために不可欠な捜査規範の法定化の一章を論じて終わりとしたい。

第7章　日本における捜査制度の欠陥と秘密主義

第1　法律による捜査規範は民主主義国家の基本である

1　「和歌山カレー事件」の勃発
　事件は，平成１０年７月２５日午後６時頃，夏祭りの会場でカレーを食べた合計６７名の体調異常が発生した。２６日に自治会長外３名が死亡した。自治会長は２６日に，その他の３名は２７日に解剖された（「捜査概要」１６〜１７頁），解剖結果，死亡診断書，死体検案書がある。

　解剖結果，警察発表ということで，青酸化合物殺人事件発生と日本中の全マスコミの発表といってもよい程，騒然とした状況が少なくとも１週間の８月３日ごろまで続く。

　８月３日ごろからは，青酸の外，ヒ素も使用されたとするマスコミ報道が８月１０日頃まで続く。

　８月１０日ごろからは青酸の使用のトーンが次第に消え，ヒ素だけの報道に代わる。

　８月２５日ごろからは，ヒ素による保険金詐欺の報道が加わる。

　以上のような経過は，第２章の事件の経過で詳述した通りである。

　そして，第３章として，捜査の常道に反して，青酸化合物事犯追及をしないのはなぜかという点を論及した。

2　なぜ捜査機関は青酸化合物使用犯行を追及しないのか。
　「和歌山カレー事件」において，犯行にはヒ素だけではなく，青酸化合物も使用されていることの証拠として，以下のものがある。

　まず死亡した４人に対する解剖結果，死亡診断書，死体検案書である。

　次に，「被害者資料鑑定結果表」である。これはカレーを食取した６７名全員の体から，ヒ素と青酸化合物（シアン）が鑑定されたとするものである。検察官請求証拠等関係カード，検甲１０４１，甲１０６３，甲１１０１に添付された加門仁作成の捜査報告書に各添付されている。

　さらに，読売新聞平成１０年８月５日朝刊３１面の毒物カレー「ヒ素新たに６検体」の見出しの記事の中に，「田中副会長，鳥居の吐しゃ物から青酸反応。谷中の胃の内容物，林大貴の食べ残しのカレーからも青酸反応」の記事がある。

　そして，毎日新聞平成１０年８月９日朝刊２７面に，「毒物カレー事件の鑑定，捜査状況」と題して，和歌山県科捜研と科警研の青酸とヒ素の死亡者４人の鑑定結果の一覧表が掲示されている。

　詳細は第１章第２の刑訴法４３５条６項の新規明白な証拠を一読して頂きたい。

　これほど「和歌山カレー事件」については，青酸化合物が犯罪と関連していると見られる証拠がありながら，捜査機関は捜査の常道に反して，青酸化合物捜査をしようとしていない。

　3　捜査の常道に反する捜査の数々
　「和歌山カレー事件」について捜査の常道に反する捜査はこれだけではない。捜査の常道では，被害者の身辺を徹底的に洗うことが捜査の常道といわれている。
　第3章でも述べた通り，自治会長，副会長の
（ア）2人の財産形成の内容，手段，方法，その過程での敵対者
（イ）経済活動，地域活動の方法，敵対者
（ウ）社会活動，地域活動の方法，敵対者
（エ）政治活動，政党活動の方法，手段，地位敵対者
　これらの捜査がされていない。それはなぜか？ということである。

　さらに，事件当日の地域の住民以外の外部の来訪者の捜査も一切なされていない。これはどうしてでしょうか。このように見てくると，どうしても日本の捜査制度，捜査規範はどうなっているのか，捜査とは，全く捜査機関の専権事項で，国民の納得，看視は全く及ばないことなのか，ということが問題になる。
　そこで，諸外国の捜査制度と日本の捜査制度を見てみようということになる。

第2　世界の捜査制度

　世界の多くの国では，捜査システムが法律で基準が定められ公開され，各自がそれを知ることができるシステムになっている。それが冤罪を阻止し，民主主義化の最大の制度であると，世界各国では信じられているのである。

　世界の多くの国は「捜査は三段階制度」を採っている。捜査を（1）初動捜査，例えば指紋，足跡等現場保存，（2）本格捜査，例えば捜査線（犯罪の手口，物件移動経路）等，（3）取調べの三段階に分ける。各段階に異なる捜査官を配置する。それだけではなく各段階ですべき要件を厳重に法律で定める。

　このことは初動捜査を手抜きし，あるいはほどほどの初動捜査をして，ある一定の見込み捜査により直ちに本格捜査に入るといって，いわゆる見込み捜査を防止することに，絶対的な防止の効果がある。
　初動捜査で犯人が関与した事実が多々あるのに本格捜査でそれを追及しないといった，

本格捜査の怠慢も防止される。さらに，初動捜査が不十分で，これでは本格捜査が出来ないといった，初動捜査の怠慢防止にも役立つのである。

　そして，現実の捜査で成し得たこと，成し得なかったこと，以上を記録化し，捜査後公表に応じる。そうすると何が問題で，どこが不十分であったか等々が明らかになり，犯罪の原因が明らかになる。

　これらすべてのことが，事後的に国民の請求に応じて，国民に公開されるシステムになっている。

第3　日本の捜査制度

　日本では三段階制度は採らず，鑑識と捜査を大きく二分されており，一貫して同じ捜査官（捜査班）が三段階を担当し，初動捜査，本格捜査は何よりもAが犯人らしいという，Aの発見に重点が置かれ，早々にAを逮捕して取調べ，自白を得て，その後裏付け証拠を得る。日本の捜査構造では，自白を得ることに重点があり，初動，本格各捜査に独自の意義は乏しい，ということになる。

　何よりも「捜査の秘密」の名の元に，捜査の基準が事前に明示されることは無く，捜査内容は事前は元より，事後においても国民に公開されない。

　このような捜査構造のため，捜査のやり方は柔軟で，初動捜査をほどほどにして，本格捜査や取調べに進むことが出来るし，記録化もされていないので，逆に言えば，捜査を公開することも出来ない。何よりも問題は，捜査に関する規制が無いことから，捜査機関により，犯人や犯罪行為，或いは，双方のデッチ上げが，容易であることである。

　このような日本の捜査の特異性について，まず外国人から異議が出された。１９８９年シンガポールの警察幹部ジェフ・トウ・イーテンは，日本の警察大学校国際捜査研究所等において，約６ヶ月間，外国上級警察幹部研修に参加し，日本の捜査の国民に対する秘密主義に驚いたのでしょう。警察の雑誌，警察学論集４３巻４４頁以下に「日本の刑事警察制度，シンガポール警察幹部の見た日本の警察」を投載した。これによって，捜査の三段階が世界で公認されていることと，日本の秘密主義との大きな違いが知れ渡ることとなった。

第4　日本の法治国家性を嘆く声

　このような捜査がよって立つべき準則の法律である捜査規範を持たず，その上，事後的にも捜査の公開が為されない日本の社会は，これでも法治国家であるのかと，法治国家性

を嘆く声は，後を絶たない（佐藤友之著「法治国家幻想」学友社刊，郷原信郎，森 炎著「虚構の法治国家」講談社刊）。

　そして，捜査機関によって犯人，犯罪行為がデッチ上げられたと主張する書籍は，身近な所にいくらでもある。例えば，「千葉成田ミイラ事件」釣部人裕，高橋弘二，ＳＰＧＦ２０１０年出版，「我が人生，ハザンへの道」室岡克典著，（株）室岡克典政治経済研究所２０１７年出版，「香川県警の捜査放棄と冤罪捜査２１５回」川上道大著，日本タイムズ社出版等である。
　捜査は絶大な国家権力機関である。捜査機関が絶対的な権力を行使して行う犯罪の検挙，防止である。
　ただでさえ，絶大な権力の行使として，捜査機関の思い通りに捜査を進展出来るのであるから，社会的な関心を得たくて，あるいは困難な捜査に替えて，安直な捜査をしたくて，あるいは捜査官が高名を得たくて等のため，時には捜査機関に犯人や犯罪行為，あるいは双方デッチ上げの誘惑が生じないとは絶対にいえないであろう。

　国民の看視が無ければ，捜査機関自らによって，犯人や犯罪あるいは双方のデッチ上げが行われる可能性があるのが捜査である。これを防止するためには，まず第一に，法律により，捜査の準則を定めること，そして第二として，捜査を事後的にでも国民に公開し，捜査の看視を国民に委ねる以外に，捜査機関自らによる犯人や犯罪行為，或いは，双方のデッチ上げを防ぐ方法は無いのである。

　まず，事前に捜査を準則に定め，その上で事後的にしろ，捜査を国民に公開して，捜査が適法,適性合理的に行われたか否か,について国民看視を仰ぐことが必要不可欠である。

第５　あるべき日本の捜査規範

　そこで最後に今後日本で制定されるべき，あるべき日本の捜査規範の検討することにする。

　１　はじめに　―国民意識の形成―
　　法律としての捜査規範が存在することは，単に犯罪捜査に限られたことに留まらず，広範囲の国民意識の形成に重要な役割を及ぼす。
　　まず，捜査の要件が事前にその準則が明定されているので，国民は必要以上に，捜査機関を怖がる必要がなく，安心した社会生活を送ることが出来る。
　　逆に，必要以上に捜査機関に頼ることも出来ず，自主，自立の精神が養われる。それ

だけではない。犯罪防止という公共問題が国民共通の意識になることによって，国民の関心が社会全体のあり方にまで広く及ぶことになる。

　このところ，日本は，経済における生産性はもとより，各種国民意識の点においても，世界各国から遅れを取ることが目立つようになってきた。

　たかが犯罪捜査規範が法定されていないだけではないかと軽くあしらうことは相当ではない。犯罪捜査規範の未制定が，各種国民の意識の世界基準から遅れを取る重大な要因になっていることに早く気づくべきである。法律による捜査規範の制定とは，これほど社会の根幹に影響する重大事項なのである。

　民主主義の欠如を嘆く声も聞かれる。しかし，これほど社会の根幹に影響する犯罪捜査規範さえ，法定化されてない国である。民主主義のいたらなさが存在しても当然のことである。

　民主主義国家，社会として当然に備えるべき法制度が無いのであれば，嘆く前に，一つ一つ備えて行うことが必要ではありませんか。

　また，あるべき捜査規範の法制化について，後に検討するが，捜査の三段階制度を取り，各段階のすべき要件を明白化し，各段階の責任者を明確にし，責任者の責任を明確にし，捜査を事後的に公表する制度を明らかにする。

　そうすると，これまで各捜査員は本部長の命ずる歯車の一つとして盲目的に命令に従っていた立場から，自主的な捜査員と生まれ代わり，主体的に自律的に捜査に関与することになる。

　この点からも自律的な国民を養成することになり，国の隅々まで，民主主義を貫徹する一貫となることに役立つことになる。

　上司の命令の下に，歯車として動かなければならないと考えられていた犯罪捜査においてさえ，捜査員が自主的，主体的に行動できるとなると，社会のあらゆるところで，歯車的な行動が，自主的，主体的な行動に正されていく。社会はいよいよ自主的，主体的な行動が主流になるのである。

　犯罪捜査規範の法制化は，これほどまでに社会の根幹から民主主義化をもたらす重要な要素なのである。

　2　あるべき犯罪捜査規範の法定化の要件の検討。

　（1）犯罪捜査規範に関する事項は，法律で規定されるべきである
　犯罪捜査規範は，国民主権の顕われであり，国法で民主主義的に制定されるべきである。

　現行の「犯罪捜査規範」と命題されたものは，法律ではなく，国家公安委員会規則

である。その上犯罪捜査の準則では無く，警察職員の勤務及び活動の基準としての性質を有する（「新版逐条解説犯罪捜査規範」警視庁刑事局編　東京法令出版株式会社4頁）規範に過ぎない。犯罪捜査の準則，公開，捜査担当者の責任問題等犯罪捜査規範に関する事項は，全て法律で規定されるべきである。

　民主主義国家として，法律による犯罪捜査規範が無いということは，真に恥ずべきことである。

（2）捜査の段階を明記して，各段階の責任者を明記する

　　初動捜査，本格捜査，取調べの三段階の必要性は，ほぼ公知の事実である。その三段階を確定して明記し，各段階ごとに各責任者を振り分け担当する。

　　捜査員は担当する自己の段階に責任をもって担当する。初動捜査，本格捜査，取調べの各段階が明確化され，その段階ですべきことが明定されていると，捜査機関による怠慢や不正，捜査機関による犯人や犯罪のデッチ上げは極めて起こりにくくなる。

　　現行の規則は，捜査の段階を明記したりはしておらず，各段階の責任者を明記することなどは全くない。

　　上記第二節の捜査の組織の第15条は，現行捜査規範の性格が如実に表れているのでそれを紹介する。

（捜査の組織的運営）

第15条　捜査を行うに当たっては，捜査に従事する者の団結と統制を図り，他の警察諸部門および関係警察と緊密に連絡し，警察の組織的機能を最高度に発揮するように努めなければならない。

　　つまり，「現行捜査規範」規則は検察官の心構えを規定したものである。捜査の各段階の要件の明記が無いので，どのような捜査も捜査機関にとっては自由であるということになる。

（3）各捜査段階のすべき要件を明確化して確定すること。

　　この点は重要である。誤道捜査の原因は，初動捜査の怠慢，本格捜査の怠慢，間違った方向への本部長等リーダーの暴走である。その原因を明らかにするためにも，責任者を明確にしておく必要がある。各捜査段階の要件が明確化されているので，捜査機関は好き勝手に，どのような方向，相手に向かう捜査も自由，ということにはならない。

（4）捜査の公開を求めることができる

　　捜査が適法，適性合理的に行われたか否か，国民は看視する権利がある。捜査本

部が設けられたときは捜査本部長，その他の場合は，警察署長は捜査に関して，国民の質問に応じる義務がある。

　　ところが，現行規則は，捜査の公開を定めた規定はない。国民の捜査公開を求める権利に触れた規定も無い。
　　「現行捜査規範」の性格を端的に表しているのは「第一章　総則」である。その項目を記する。
第一節　捜査の心構え（第１条〜第１４条）
第二節　捜査の組織（第１４条〜第２６条）
第三節　手配および共助（第２７条〜第４４条）
第四節　検察官との関係（第４５条〜第４９条）
第五節　特別同法警察職員等との関係（第５０条〜第５４条）
第六節　捜査書類（第５５条〜第５８条）

　　つまり「現行捜査規範」は警察官の勤務及び活動の基準としての捜査の心構え等を記したもので，国民に対する関係で，捜査の基準を定め公開等を規定したものではない。捜査の公開を定めた規定が無いことは，民主主義国家としては，致命的である。
　　捜査機関による犯人や犯罪のデッチ上げ等，捜査機関のやりたい放題のことが出来る事でもある。捜査機関が国民から必要以上に怖がられる理由も，この公開規定の無いことと関連している。捜査機関から睨まれると，何をされるか分からないと思うからである。これでは，国民が委縮し，伸びやかな国民が育たなくなるのは当然である。

（5）記録化すること
　　各捜査段階のすべきことをしたのか否か。なぜできなかったのか。それ以外にも捜査でしたこと，しようとして出来なかったこと，及びその理由を具体的に詳細に記録化する。捜査情報公開のための必須の前提要件である。
　　「現行捜査規範」規則には，捜査内容を記録化する規定は全く無い。「現行捜査規範」規則が警察職員の勤務及び活動の基準としてとしての性質の有するものであっても，捜査内容を記録化することとは矛盾しないはずである。しかし，後日国民の追及との関係が生じたり，責任問題を問われる証拠となるような規定は全く無いのである。
　　この点からだけ見ても，「現行捜査規範」規則がいかに，反国民主権的な規則であるかが明白である。

（6）捜査官の責任の明確化と責任の違反を明らかにする。

　　捜査における捜査官の責任を明確化し，責任の違反を明らかにすることは，捜査の怠慢，暴走を阻止する必須の要件である。

　　「現行捜査規範」規則は，捜査の各段階を明確化することは元より，各段階の責任者を明記する制度は全く無い。前記の第一条総則第一節から第六節までの通りで，正に警察職員の勤務及び活動の基準として役立つ内容の規定に過ぎない。

　　日本の「捜査規範」規則によれば，犯人や犯罪行為を捜査機関がデッチ上げることが容易である。そしてまた初動捜査，本格捜査を無視した突飛もない捜査の進行もリーダー（捜査本部長）の指導によっては可能となる。

　　「和歌山カレー事件」の捜査はこの部類に属するものである。

（7）判決書を国民が容易に簡単に入手できる制度にする

　　判決書には，言い渡し裁判所において，実費を払えば，誰でも簡単に入手できる制度にする。重大事件（死刑判決）において，特に必要性が高い。「和歌山カレー事件」の保険金関係の詐欺事案において，非常識な判決理由，これを通り越して，存在するか否か明らかではない類似事件を裁判所においてデッチ上げ，デッチ上げた類似事件の類推で，被告人を有罪とするといった，論理的に出鱈目な裁判が横行するに至った。これは判決書が，国民が簡単に入手し，簡単に判決を検証できない制度であることに起因する。このような出鱈目な裁判の横行を阻止するために，判決書の簡単な入手制度が必要である。

第6　結論

1　青酸化合物に関する捜査の欠如

　　戦後８０年近くたっても，いまだに民主主義社会に必要不可欠の犯罪捜査規範の法制化さえされていない，日本の国家，社会である。この社会のゆがみの端的な犠牲となったのが，「和歌山カレー事件」である。

　　もし，日本の法定化された捜査規範が存在した場合，「和歌山カレー事件」はどうであったろうか。

　　日本においても現行捜査と異なり，捜査の三段階制度が採られて，各段階の要件が厳密に定められており，捜査の公開が確立しておれば「和歌山カレー事件」においても，異なる捜査がなされていたのではないかと推測される。

　　まず，先に「和歌山カレー事件の発祥」毎日新聞のドキュメント引用でも述べた通り，７月２５日１９時３２分，和歌山県警は事件性があるとして捜査を始めている。

この捜査の開始自体は，迅速な捜査として，肯定されるべきである。

　死亡した４人は，診療中の医師の面前で死亡し，１人は即日，残り３人は翌日解剖され，解剖結果，医師の死亡診断書，死体検案書がある。解剖結果，死亡診断書，死体検案書の死因は，これ以上優良な証拠は望み得ない優良な証拠である。

　これらの書類が示す死因は，おそらく青酸化合物であったことは間違いない。

　青酸はメッキ工場，化学工場，大学研究室などで使用される身近な猛毒であるといわれている。青酸の所持者は，非常な多数になると推測される。

　４人に対する殺人罪の追及として，まず青酸化合物に関する捜査をすべきであるのに，この青酸化合物に関する捜査が全くされていない。

　これほど明らかな捜査の原則，常道に則った捜査を放棄している例は，またと無い例である。

　何よりも，解剖結果，死亡診断書，死体検案書の死因が，青酸化合物となっているのに，本格捜査担当者において，青酸化合物による殺人捜査の死因の追及を無視して，現実に「和歌山カレー事件」の捜査でされたような，ヒ素を使用した，膨大な状況証拠による犯人を追及するといった捜査方法は，行われなかったと考えられる。

　「和歌山カレー事件」は，日本の捜査制度の欠陥が如実に顕われた事件でもある。

２　膨大な状況証拠捜査

　「和歌山カレー事件」は真の犯罪原因を隠したのではないかと，強い疑問が生じる膨大な状況証拠捜査であった。

　何度も繰り返すが，日本の「捜査規範」は，捜査が国民の規制を受け，国民に公開するため，法律によって定められたものではない。警察職員の勤務及び活動の基準としての性質を有する（「新版逐条解説捜査規範」警視庁刑事局編，東京法令出版株式会社４頁）ものにすぎず，初動捜査，本格捜査の要件，責任者を法定していない。従って捜査機関において，犯人や犯罪行為のデッチ上げはもとより，初動捜査，本格捜査を無視した捜査も可能なのである。このような初動捜査，本格捜査を無視した捜査がなされたのが，「和歌山カレー事件」の捜査裁判である。

　それに加えて，以下に述べる疑問が加わると，真の犯罪原因を隠すためにあえて，膨大な状況証拠収集の捜査がなされたのかという強い疑いが生じる。

　まず，死亡した４人，特に会長と副会長の身辺を洗う捜査が全くされていない。殺人事件において，死亡した被害者の身辺を入念に洗うことは，捜査の基本中の基本である。

　会長，副会長の職業，財産形成，政治関係，敵対者，同好者等，更に携帯電話の一週間前からの内容，７月２５日の地域外の来訪者との面談関係，カレーを食べた順番，だれが配膳をしたか等，入念な調査をすべきであるのに，全く調査されてい

ない。

　これらの点について，入念な捜査がされておれば，新たな事実が発見されていた可能性が極めて高い。しかし，全く調査されていない。

　次に，7月25日夏祭り当日の地域住民以外の部外者の来訪者の調査が全くされていない。

　夏祭りは，自治会関係者の相互親睦の機会であり，政治家，秘書，及び立候補志す人にとっての重要な票田開発の機会でもある。少なからずの部外者の来訪があるはずである。

　現に他の自治会関係者，地域出身の代議士や秘書が来訪していたウワサが多数ある。

　そして，例の「被害者資料鑑定結果表」の存在である。甲1041，甲1063，甲1101と検察官証拠等関係カードに記載されて証拠とされたものである。

　裁判では，罪となるべき事実の証拠の標目15頁16行目と23，24行目，16頁7行目に歴記と判示されている。医師島田博，辻本登志英，小牧克守が，自分が診察した被害者の特定のためとはいえ，あえて，県警捜査一課警部加門作成の「被害者資料鑑定結果表」に頼る必要性は全く無い。この「被害者資料鑑定結果表」によれば，カレーを食取した被害者67名全員にシアンとヒ素の検出鑑定が出ている。それは被告人以外の第三者犯行であるとする，歴然として明白な，これ以上の証拠は無いといってよい証拠である。

　これをあえて，3人の医師の供述調書に，添付した意図は何かということである。

　警察は真犯人は判っていますヨ！という証拠以外のためとは考えられない。そして，最後に死亡した4人の死因についての直接証拠が無いことである。

　刑事事件ともあろうことに，被害者の真の直接証拠が無い。警察は，被告人宅に存在したヒ素と，カレーに投与されたヒ素の同一性の鑑定をしている。

　それ以上に，死亡した4人の死因がヒ素であることの鑑定をして，死因の証拠の充分性を計るべきであるのに，あえて，死因の鑑定はしていない。

　この点も考え方によれば，あえて鑑定をしなかったと思われる。そこまで完璧に被告人を「和歌山カレー事件」の犯人にはしたくはなかったのである。

　真犯人存在の余地を残しておきたかったのである。県警は，犯人追及のためには，膨大な状況証拠収集の捜査までしたと，責任逃れの方法を一方で取る。他方，真犯人には，死因の直接証拠の不存在を残して，真犯人の存在は解っていますヨ！とエールを送り，真犯人に恩を売っておくのである。

　このような，あってはならない欺瞞的な捜査が出来るのは，捜査規範が法制化されていないからである。

3　全く異なった方向に捜査を進めることが可能である

　　犯罪捜査規範の法制化されていない日本国において，捜査機関は，初動捜査の成果を無視して，全く異なった方向に捜査を進めることが可能である。

　　しかし，結果は世に言う「御天道様はみてござる」である。第三者の犯行である証拠が多数存在し，これらが日の目を見た暁には，冤罪は必然性的に明らかにならざるを得ない。

　　捜査機関は万能ではないのである。

4　捜査規範の法定化が不可欠である

　　捜査があらぬ方向に向いて行った。ところが裁判はこれを追認する。裁判において，これを追認しきれなくなると，あえて非常識な理由でも平気で使って判決をする。非常式な理由で間に合わなくなると，存在もしない類似事件を判決でデッチ上げ，デッチ上げた類似事件の類推で被告人を有罪にする。

　　これでは，全く裁判ではない。裁判をする必要性も無い。これが「和歌山カレー事件」の保険金関係の事案である。

　　現在は，裁判にあらざる裁判の横行の時代である。しかし，いずれ，その横行がさらに発展して，恐ろしい悪用の時代が来る。この横行の時代で，横行を阻止しなければならない。

　　そのために必要不可欠なのが，捜査規範の法定化である。

　　捜査規範の法定化が急がれる！

5　日本社会の腐敗構造の最先端は裁判にある

　　以上，捜査を中心として，捜査規範の法定化の必要性を検討してきた。

　　今回，「和歌山カレー事件」の原判決を検討して，あまりにも情けない判決であることが判明した。

　　判決というには，ほど遠い判決書に出会い，これで判決書といえるのか，といった怒りよりも，この程度で死刑判決として２０余年も存在している日本社会に言い知れぬ情けなさを感じた。

　　日本社会の皆さん！　死刑判決と言いながら，判決の体をなさない判決書が横行しているのが，原罪の日本の社会なのですョ。

　　日本社会の腐敗構造ということが言われて久しい。

　　しかし，日本社会の腐敗構造の最先端は裁判にあることを証明したのが「和歌山カレー事件」の裁判である。

以上

参考資料（チャートでわかる和歌山カレー事件再審申立書パートⅡ）

和歌山カレー事件再審パートⅡ
　　　　　　　対象としている４つの事件

1 原判示罪となるべき事実第４ （「くず湯事件」）
2 原判示罪となるべき事実第６の１ （「牛丼事件」）
3 原判示罪となるべき事実第６の２ （「入院給付金詐欺事件」）
4 原判示罪となるべき事実第６の３ （「うどん事件」）

　　これら４事件が本件再審申立パートⅡの対象事件である。
　　　　　　　　　　　⇩
　　　　いずれも被告人は無罪である。

泉克典の供述のみで有罪認定

　　　　　　　　　　　　　　　　有罪認定の根拠
1 「くず湯事件」　　⇒被害者 林健治　←泉克典の供述
2 「牛丼事件」　　　⇒泉克典　　　　　←泉克典の供述
3 「入院給付金詐欺事件」⇒泉克典　　←泉克典の供述
4 「うどん事件」　　⇒泉克典　　　　　←泉克典の供述
　　　　　　　　　　　　　　　　　　　　⇩
　　　　　　　　　　　　泉克典を高野山で
　　　　　　　　　僧侶として世間から隔離？

７つの人格特性を有する
　　泉克典の供述に信ぴょう性があるのか？

捜査機関は，平成１０年８月３１日から同年１２月２９日まで，泉克典を警察官宿舎に保護し，外部との接触を遮断し匿った。この期間の調書である。保護終了後も泉克典を隔離し続ける。その期間は２０年以上である。

７つの人格特性とは

（ア）体質的特性（睡眠時無呼吸症候群），　（イ）行動的特性（イネムリによる交通事故の多発），　（ウ）生活的特性（食事の不規律，朝食抜き，晩食の多食），　（エ）金銭的特性（ギャンブル好き，不労働，借金），　（オ）家庭的特性（警察官一家，父，妹夫婦），　（カ）秘匿特性（ヒ素の自己使用，入院歴多数），　（キ）社会的特性（要庇護性）

⇩

これら全てを一括して認定すると，泉克典は，捜査機関に迎合し易い性格で，捜査機関の誘導尋問に応じ易く，虚偽供述を仕易い傾向にある人物ということが，一見して明白になる。

「くず湯事件」認定の怪

・健治と泉の供述の食い違う

・店員の証言で健治や被告人がよくくず湯を買いに来ていたという証言をはない。

・７つの人格特性を有する泉克典の供述に信ぴょう性があるのか？

・泉克典の供述だけで、認定するため、被告人を完黙させる。

林健治を殺害しようと企てた。
　　⇩⇒保険金をだまし取る目的
　　　　⇩
平成９年２月６日，ヒ素を混入したくず湯を健治に食べさせた。
　　　　⇩
殺害の点は未遂に終わった。

・捜査機関は，平成１０年８月３１日から同年１２月２９日まで，泉克典を警察官宿舎に保護し，外部との接触を遮断し匿った。この期間の調書である。保護終了後も泉克典を隔離し続ける。その期間は２０年以上である。

「牛丼事件」「うどん事件」認定の怪

「麻婆豆腐事件」と「中華丼事件」の存在。

存在自体が 疑わしい。 ⇩ ⇒起訴もされていない。

⇩ ⇒泉克典の公判証言や捜査段階の供述にも無い。

⇩

被告人がヒ素を投与して泉克典に食べさせてようとした類似 の殺人未遂事件である。

２つの類似事 ⇩ ⇒起訴勧告も裁判所は行っていない。
件をデッチ上 ⇩
げ？

「牛丼事件」「うどん事件」も被告人がヒ素を投与して，泉 克典に食べさせようとした。

「入院給付金詐欺事件」認定の怪

被告人が泉克典の生命保険関係管理を１４件をしている。

⇩

保険金受取人 ⇩
でない被告人
が、泉克典の
死亡保険金を 泉克典に睡眠薬を飲ませて，バイクで死亡事故を起こさ
受領できると せようとした。
錯覚？

⇩

⇩

被告人は、死亡保険金の受取人ではない。

「保険金詐欺目的事件」と
　　　　　　　「和歌山カレー事件」との関係

前　提
1 カレー毒物混入事件以外の被告人が犯人である

2 保険金取得目的でカレー毒物混入事件発生前の約1年半の間，4回も人に対して砒素を使用している。

3 4回の砒素使用，2件の睡眠薬使用という事実は，砒素を使うことへの抵抗感がかなり薄らいでいたことの表れととらえることができる。

前提がないと、推認できない

⇩

⇒多くの間接事実である。亜砒酸を混入したものであるということが極めて高い蓋然性をもって推認することができる。

◆生田 暉雄（いくた てるお）プロフィール

昭和 16 年 10 月 2 日生　弁護士（香川県弁護士会所属）

【職　歴】

1967 年　司法試験合格
1970 年　裁判官任官仕官
1987 年　大阪高裁判事
1992 年　退官，弁護士
　　　　　裁判官歴 22 年，弁護士 29 年

【著　書】

「裁判が日本を変える」日本評論社　2007 年
「裁判員任官拒否のすすめ」共著ＷＡＶＥ出版　2009 年
「最高裁に「安保法」違憲判決を出させる方法」三五館　2016 年
「和歌山カレー事件「再審申立書」冤罪の大カラクリを根底から暴露
　　　　　　　　　　　　　　　　　　　　　万代宝書房 2021 年
「和歌山カレー事件『再審申立書』【概説】」　万代宝書房 2021 年

【論　文】

「原則逆送下における少年付添人活動」自由と正義 vo154．No11
「自白捜査構造と自由心証主義の運用」
　　　石松竹雄判事退官記念論文集「刑事裁判の復興」勁草書房所集
「高知白バイ事件」再審と科学鑑定所集　日本評論社
「日本の刑事裁判の課題」伊佐千尋著「島田事件」新風舎文庫解説
「島田事件の反省」伊佐千尋著「島田事件」（株）solaru 解説

和歌山カレー事件パートⅡ
　「再審申立書」（保険金詐欺関係）
　　　　　冤罪の卑劣なカラクリを根底から暴露
2021 年 11 月 11 日 第 1 刷発行
　著　者　生田暉雄
　編　集　（一社）関東再審弁護団連絡会
　発行者　釣部 人裕
　発行所　万代宝書房
　　　〒176-0002 東京都練馬区桜台 1-6-9-102
　　　　　　電話 080-3916-9383　FAX 03-6914-5474
　　　　　　ホームページ：http://bandaiho.com/
　　　　　　メール：info@bandaiho.com
　印刷・製本　日藤印刷株式会社
　　　落丁本・乱丁本は小社でお取替え致します。
　　　©Teruo Ikuta2021 Printed in Japan
　　　ISBN　　978-4-910064-60 -4　C0032

　　　装丁・デザイン　西宮 さやか

万代宝書房 和歌山カレー事件関連

申立書とほぼ同一内容のもの。本件の発生は、平成10年7月25日午後6時頃、夏祭りで出されたカレーを食べた67名が身体に異常を起こしたことに発する。マスコミ報道、裁判記録（検察官の冒頭陳述、論告、弁護士の最終弁論、判決）で驚くべき意外な事実が明らかとなった。

一番おかしいことは、死刑判決にもかかわらず、死亡した4人の直接の死因の証拠として、死亡即日及び翌日に解剖されたことから、存在しているはずの解剖結果、死亡診断書、死体検案書が裁判に、死亡した4人の死因を立証する証拠として全く提出されていないということである。本件は、死刑判決にもかかわらず、死亡した4人の死因を立証する証拠が全く無い、異常な判決書である。

B5版230頁
著者　生田　暉雄
定価　1430円（本体価格＋税10%）

著者が2021年7月に行われた勉強会で話した内容を加筆修正して編集したものである。不当な捜査、いい加減な裁判が行われている現実について、「和歌山カレー事件」以上の例はないのではないだろうか。

B6版86頁　著者　生田　暉雄
定価　1100円（本体価格＋税10%）

アマゾン、楽天ブックス、または、弊社ホームページ（http://bandaiho.com/）からお求めください。（弊社からの送料は、2冊まで180円、6冊まで370円、7冊以上は520円です）